MINDSET

DIE SPIELREGELN DES LEBENS

Vandrey Holding GmbH

CHRISTIAN SVEN VANDREY

Bibliografische Information der Deutschen Nationalbibliothek:

Die Deutsche Nationalbibliothek verzeichnet diese Publikation in der Deutschen Nationalbibliografie; detaillierte bibliografische Daten sind im Internet über **http://dnb.dnb.de** abrufbar.

Autor: Christian Sven Vandrey

INHALTSVERZEICHNIS

PROLOG

Haben Sie sich auch schon einmal, in einem stillen Moment, die Frage gestellt: „Gibt es ungeschriebene Regeln im Spiel des Lebens?". Vielleicht haben Sie sich auch gefragt, warum einige Menschen scheinbar mühelos Erfolg haben, während andere unermüdlich kämpfen und doch immer wieder auf Widerstände und Grenzen stoßen. Ist es ein Naturgesetz, dass einige Menschen einfach „Gewinner" sind, während andere dazu verdammt scheinen, auf dem Boden zu liegen beziehungsweise von der Seitenlinie aus zuzusehen? Manche nennen es Schicksal, andere nennen es Zufall, wieder andere bezeichnen es als Glück. Im wissenschaftlichen Kontext wird vom Matthäus-Effekt gesprochen. Dieser beschreibt das Phänomen, bei dem Personen, die bereits über Vorteile und Ressourcen verfügen, eher zusätzliche Vorteile erhalten, während Benachteiligte weiterhin Nachteile erfahren. Frei übersetzt besagt der Matthäus-Effekt: der Teufel scheißt immer auf den größten Haufen!

Aber was wäre, wenn es Spielregeln gibt, die wir nur verstehen müssten?

Es begeistert mich, Menschen dabei zu unterstützen, ihr Potenzial zu entdecken und zu nutzen. Ich bin fest davon überzeugt, dass es tatsächlich Regeln gibt, die uns helfen können, das Spiel des Lebens besser zu spielen.

Jeder von uns hat die Chance, aktiv am Spiel teilzunehmen und es in vollen Zügen zu genießen.

Im vorliegenden Buch werden wir gemeinsam diese Regeln aufdecken. Wenn wir uns an die Spielregeln halten, können sie uns in schwierigen Zeiten den Weg weisen und uns dabei helfen, unsere Träume zu verwirklichen. Es handelt sich hierbei um keine magischen Zauberformeln, aber wenn wir die Regeln richtig anwenden, können sie unser Leben auf erstaunliche Weise nachhaltig verändern.

Das Schöne daran ist, dass die Spielregeln für jeden gelten. Egal, wie alt Sie sind, woher Sie kommen oder wo Sie gerade in Ihrem Leben stehen, diese Regeln können Ihnen helfen, Ihren Weg zu finden und Sie dazu ermutigen, auch in schwierigen Zeiten weiterzumachen.

Ich lade Sie herzlich ein, mit mir auf diese aufregende Reise zu gehen! Lassen Sie uns zusammen die Spielregeln erkunden und sehen, wohin sie uns führen.

Sind Sie bereit? Es wird Höhen und Tiefen geben, aber in jedem Schritt liegt eine wertvolle Lektion. Auf geht's zu einer spannenden und lehrreichen Reise! Los geht's!

KAPITEL 1

ICH, DAS RÄTSEL

"Das tiefste Geheimnis ist, dass das Leben nicht ein Entdeckungsprozess, sondern ein Schöpfungsprozess ist. Du entdeckst dich nicht selbst, du erschaffst dich neu. Strebe daher nicht danach herauszufinden, wer du bist, sondern trachte danach zu entscheiden, wer du sein möchtest."

~ NEALE DONALD WALSCH

Wir beginnen unsere Reise bei uns selbst. Im komplexen Pfad des Lebens ist ein fundiertes Verständnis des eigenen Selbst ein wertvoller Leitfaden, der uns sicher durch das verwirrende Labyrinth führt. Um die Regeln zu verstehen und sie effektiv anwenden zu können, müssen wir uns selbst verstehen.

Stellen Sie sich selbst als komplexes Puzzle vor, bestehend aus unzähligen Teilen – Ihren Gedanken, Gefühlen, Erfahrungen, Hoffnungen, Träumen und Ängsten. Jedes Stück ist ein wichtiger Teil von Ihnen und trägt dazu bei, wer Sie sind und wie Sie die Welt um sich herum wahrnehmen.

Es kommt vor, dass wir im Laufe unseres Lebens manchmal den Überblick über die einzelnen Teile verlieren. Manche verschwinden unter dem Bett des Vergessens, anderen werden von der Routine des Alltags bedeckt. Manchmal kommt es auch vor, dass wir einige Stücke absichtlich ignorieren, weil sie uns Unbehagen bereiten oder weil wir der Meinung sind, sie nicht zu brauchen. Doch um das gesamte Bild zu sehen, müssen wir uns um jedes einzelne Teil kümmern.

In diesem Kapitel werden wir gemeinsam einige grundlegende Werkzeuge erarbeiten, die Ihnen helfen, Ihr inneres Puzzle zusammenzusetzen. Dabei werden wir Zugänge aus der Psychologie und der Persönlichkeitsentwicklung verwenden, um sowohl bewusste als auch unbewusste Aspekte Ihres Selbst zu erkunden. Wir werden uns mit Themen wie Selbstreflexion, Achtsamkeit, emotionaler Intelligenz und Wertschätzung auseinandersetzen.

1.1. Selbstverständnis:

Ein faszinierendes Phänomen, das unsere Wahrnehmung und Bewertung unseres eigenen Ichs beeinflusst, ist unser Selbstverständnis. Es kann unser gesamtes Leben lang wachsen und sich verändern, und es entsteht durch eine Vielzahl von Faktoren. Das Verständnis unserer eigenen Identität ist ein lebenslanger Prozess, der es uns ermöglicht, unsere Stärken und Schwächen zu erkennen und zu akzeptieren.

Das Selbstverständnis entwickelt sich bereits in den frühen Lebensjahren und wird durch Erfahrungen, Bildung und soziale Interaktionen geprägt. Unsere Eltern, Geschwister, Freunde und Lehrer haben einen großen Einfluss darauf, wie wir uns fühlen. Negative Erfahrungen und Kritik können zu Selbstzweifeln und Unsicherheit führen, während positive und unterstützende Beziehungen ein gesundes Selbstverständnis fördern.

Die tief verwurzelten Überzeugungen, die wir über uns selbst und die Welt um uns herum haben, werden als Glaubenssätze bezeichnet. Sie entstehen häufig in der Kindheit und haben einen erheblichen Einfluss auf unser

Selbstverständnis. Glaubenssätze können positiv sein und uns dazu inspirieren, unser Bestes zu geben, oder sie können negativ sein und uns daran hindern, unser volles Potenzial zu entfalten.

Beispiele :

- ➤ **Positiver Glaubenssatz:** „Ich bin fähig und kompetent. Ich kann Herausforderungen meistern und erfolgreich sein."

- ➤ **Negativer Glaubenssatz:** „Ich bin nicht gut genug. Ich werde nie erfolgreich sein."

- ➤ **Neutraler Glaubenssatz:** „Veränderung ist schwierig und dauert lange."

Verschiedene Faktoren können dazu führen, dass sich das Selbstverständnis eines Menschen im Laufe der Zeit verändert. Selbstreflexion, persönliches Wachstum und neue Erfahrungen können das Selbstverständnis verbessern. Es ist wichtig zu beachten, dass diese Veränderung Zeit und Anstrengung erfordert. Positive Affirmationen und neue Erfahrungen, die unser Selbstbewusstsein stärken, können negativen Glaubenssätzen entgegenwirken.

Es ist ein aufregendes Unterfangen, sich selbst zu verstehen. Es bietet uns neue Blickwinkel, hilft uns, uns selbst besser zu verstehen und ermöglicht es uns, unsere Ziele klarer zu definieren. Jede Erfahrung, sei es positiv oder negativ, fügt ein neues Puzzlestück hinzu und hilft uns dabei, das Gesamtbild unseres Selbst zu erkennen.

1.2. Bewusstsein für Gedanken und Gefühle:

Unsere Gedanken und Gefühle sind wichtig für unser Leben. Sie wirken sich auf unser Verhalten, unsere Entscheidungen und letztendlich auch auf unsere Lebensqualität aus. Daher ist das Bewusstsein für unsere Gedanken und

Gefühle von großer Bedeutung, da es uns ermöglicht, sie bewusst zu lenken und zu unserem eigenen Vorteil einzusetzen. Wir betrachten im Folgenden die Bedeutung des Bewusstseins für Gedanken und Gefühle und wie es uns helfen kann, bessere Entscheidungen zu treffen und ein glückliches Leben zu führen.

Unser Denken und Fühlen beinhalten komplexe Abläufe, die häufig unbewusst und automatisch ablaufen. Es kommt häufig vor, dass wir auf bestimmte Umstände oder Ereignisse reagieren, ohne darüber nachzudenken. Aber das Bewusstsein für unsere Gedanken und Gefühle ermöglicht es uns, diese Prozesse zu erkennen und zu verstehen. Dadurch können wir die Ursachen unserer Reaktionen besser verstehen und bewusster handeln.

Selbstreflexion ist die Fähigkeit, sich selbst und seine eigenen Gedanken und Gefühle zu beobachten und zu reflektieren. Diese Fähigkeit ist ein wichtiger Teil des Bewusstseins für Gedanken und Gefühle. Die Selbstreflexion hilft uns, unsere Denk- und Verhaltensmuster zu erkennen und zu verstehen. Dadurch entstehen neue Wege, wie wir mit bestimmten Umständen umgehen und unsere Reaktionen positiv beeinflussen können.

Beispiel 1: Selbstreflexion in zwischenmenschlichen Beziehungen

Stellen Sie sich vor, Sie haben ständig Probleme in Ihrer Beziehung zu anderen. Sie sind häufig impulsiv und verletzen andere unbeabsichtigt. Sie könnten erkennen, dass diese Reaktionen auf tief verwurzelten Ängsten oder Unsicherheiten basieren, indem Sie sich selbst reflektieren. Sie könnten lernen, Ihre Emotionen besser zu kontrollieren und konstruktiver zu kommunizieren, indem Sie sich bewusst machen, warum Sie so reagieren.

Beispiel 2: Selbstreflexion im beruflichen Umfeld

Vielleicht haben Sie das Gefühl, dass Sie in Ihrem Job nicht vorankommen, obwohl Sie hart daran arbeiten. Durch Selbstreflexion könnten Sie entdeckt haben, dass Sie sich selbst häufig unterschätzen und nicht genug

Selbstvertrauen haben, um sich für neue Projekte oder Beförderungen einzusetzen. Sie könnten lernen, an sich zu glauben und sich aktiv für neue Gelegenheiten einzusetzen, indem Sie Ihre Gedanken und Gefühle reflektieren.

Beispiel 3: Selbstreflexion im Umgang mit Stress

Stress ist ein alltägliches Phänomen, das unsere Gedanken und Gefühle erheblich beeinflussen kann. Wenn Sie sich gestresst fühlen, können Sie darüber nachdenken, welche Faktoren zu diesem Stress beitragen, und wie Sie damit besser umgehen können. Es ist möglich, dass Sie feststellen, dass Sie zu viel auf einmal tun oder dass Sie schlechte Gewohnheiten haben, die Ihren Stress erhöhen. Indem Sie sich darüber bewusst werden, können Sie Strategien entwickeln, den Stress abzubauen und besser damit umzugehen.

Der erste Schritt, um die Kontrolle über unsere Gedanken und Gefühle zu erlangen, besteht darin, uns darüber bewusst zu werden. Wir können bewusst entscheiden, wie wir reagieren möchten, indem wir uns selbst reflektieren und unsere Denk- und Verhaltensmuster verstehen. Wir können unsere Gefühle konstruktiv ausdrücken, uns selbst ermutigen und unterstützen und negative Gedanken in Positive umwandeln.

Die Selbstreflexion ist ein kraftvolles Werkzeug, das uns dabei helfen kann, uns besser zu verstehen und zu wachsen. Sie hilft uns, uns besser zu verstehen und unsere Stärken und Schwächen zu identifizieren. Wir können negative Denkmuster durchbrechen und eine positive Einstellung zu uns selbst entwickeln, indem wir uns bewusst mit unseren Gedanken und Gefühlen auseinandersetzen.

Akzeptanz ist ein wichtiger Schritt zur Kontrolle über unsere Gedanken und Gefühle. Wir sollten uns erlauben, alle unsere Emotionen und Gedanken zu akzeptieren, ohne uns dafür zu verurteilen. Auch negative Gedanken zu haben oder sich gestresst oder ängstlich zu fühlen, ist normal. Akzeptanz ermöglicht Wachstum und Veränderung.

Neben der Selbstreflexion können Glaubenssätze auch positive Auswirkungen auf unser Leben haben. Glaubenssätze sind tief verwurzelte Überzeugungen, die sich auf unser Denken und Handeln auswirken. Indem wir uns bewusst machen, welche Glaubenssätze uns einschränken und blockieren, können wir diese Glaubenssätze durch andere Glaubenssätze ersetzen, die uns unterstützen und fördern. Wir könnten statt „Ich bin nicht gut genug" sagen „Ich bin stark und kann Herausforderungen meistern".

Das Selbstverständnis zu ändern ist ein langwieriger Prozess, der Zeit und Geduld erfordert. Es ist wichtig, sich Zeit zu geben, um alte Denkmuster zu überwinden und neue positive Gewohnheiten zu entwickeln. Je nachdem, wie tief verwurzelt bestimmte Denkmuster sind, kann dieser Prozess Wochen, Monate oder sogar Jahre dauern. Obwohl es Engagement und Geduld erfordert, können die Ergebnisse das Leben langfristig verändern.

Die Fähigkeit, unsere Gedanken und Gefühle zu verstehen, ermöglicht es uns, bewusstere Entscheidungen zu treffen und unser Leben aktiver zu gestalten. Es ermöglicht uns, negativen Einflüssen zu entkommen und unsere eigene Wirklichkeit zu gestalten. Wir können an uns selbst glauben, Ziele setzen und uns selbst motivieren. Das Bewusstsein für Gedanken und Gefühle ist entscheidend für ein glückliches und erfülltes Leben.

Insgesamt ist das Bewusstsein für Gedanken und Gefühle für unser Wohlbefinden und unsere Lebensqualität von entscheidender Bedeutung. Es ist ein kontinuierlicher Prozess, der sich selbst reflektiert, akzeptiert und positive Glaubenssätze nutzt. Wir können die Kontrolle über unsere Gedanken und Gefühle erlangen und sie zu unserem eigenen Vorteil nutzen. Das Bewusstsein für Gedanken und Gefühle ermöglicht es uns, unser Leben bewusster zu gestalten und uns zu einer besseren Version unserer selbst zu entwickeln. Es ist die Grundlage für individuelles Wachstum und eine erfolgreiche Lebensreise.

1.3. Akzeptanz der eigenen Stärken und Schwächen:

Die Akzeptanz der eigenen Stärken und Schwächen ist für unser persönliches Wachstum und unsere Lebenszufriedenheit von entscheidender Bedeutung. Wir konzentrieren uns häufig auf unsere Stärken und ignorieren oder verdrängen unsere Schwächen. Doch genau diese Akzeptanz ist der Schlüssel zu einem erfüllten Leben und eröffnet uns neue Perspektiven.

Wenn wir uns unserer Stärken bewusst werden und sie vollständig akzeptieren, gewinnen wir an Selbstbewusstsein und Selbstvertrauen. Wir wissen, was uns ausmacht, und können unsere Fähigkeiten gezielt einsetzen, um unsere Ziele zu erreichen. Gleichzeitig wissen wir, dass wir Schwächen haben, aber wir betrachten sie als Chancen, an denen wir wachsen können.

Die Fähigkeit zur Selbstreflexion ist auch in diesem Zusammenhang von großer Bedeutung. Durch regelmäßige Selbstreflexion und Offenheit können wir unsere Stärken und Schwächen besser erkennen. Dazu gehört auch die Überprüfung unserer eigenen Überzeugungen, die uns möglicherweise davon abhalten, unsere Schwächen zu erkennen. Wir haben häufig bestimmte Ansichten über uns selbst, die uns davon abhalten, uns selbst zu akzeptieren. Aber wir können diese Glaubenssätze verändern und uns einer positiven Selbstakzeptanz öffnen, indem wir sie bewusst machen und hinterfragen.

Das Erstellen einer Liste unserer Stärken und Chancen zur Weiterentwicklung ist ein praktisches Beispiel für Selbstreflexivität. Wir nehmen uns bewusst Zeit, uns mit unseren Fähigkeiten auseinanderzusetzen und aufzuzeigen, was uns gut gelingt. Gleichzeitig bestimmen wir auch Bereiche, in denen wir weitere Fortschritte machen möchten. Diese Übung ermöglicht es uns, uns unserer potenziellen Fähigkeiten bewusst zu werden und gezielt daran zu arbeiten, diese Fähigkeiten zu verbessern.

Um uns selbst zu lieben und wertzuschätzen, müssen wir unsere Stärken und Schwächen akzeptieren. Es gibt weniger Stress und Druck, wenn wir uns annehmen, wie wir sind, ohne uns ständig mit anderen zu vergleichen. Wir müssen nicht mehr ständig versuchen, perfekt zu sein, sondern können uns auf unsere eigenen Fähigkeiten und Ziele konzentrieren.

Auch die Kontrolle über unsere Gedanken und Gefühle ist wichtig. Indem wir uns unserer Gedanken und Gefühle bewusst werden, können wir lernen, sie zu unserem Vorteil zu nutzen. Wir können uns von negativen Denkmustern lösen und stattdessen positive und konstruktive Gedanken fördern, wenn wir uns unserer inneren Prozesse bewusst sind.

Auch die Akzeptanz der eigenen Stärken und Schwächen ist ein ständiger Prozess, der Zeit und Übung erfordert. Es ist wichtig, geduldig mit sich selbst zu sein und sich selbst mit all seinen vermeintlichen Schwächen anzunehmen. Akzeptanz fördert unsere persönliche Entwicklung und hilft uns dabei, unsere Ziele zu erreichen. Jede Erfahrung, die wir machen, bringt ein neues aufregendes Puzzlestück mit sich, das uns dabei hilft, das gesamte Bild unseres Selbst zu erkennen und zu vervollständigen. Wir können uns zu einer noch stärkeren und selbstbewussteren Person entwickeln, indem wir uns selbst akzeptieren und lieben.

1.4. Kraft der Selbstliebe:

Selbstliebe ist eine großartige und wirksame Eigenschaft, die uns dabei hilft, ein erfülltes und zufriedenes Leben zu führen. Sie ist ein wesentlicher Bestandteil unserer mentalen und emotionalen Gesundheit und spielt eine wichtige Rolle bei der Wahrnehmung und dem Umgang mit uns selbst. Obwohl Selbstliebe von großer Bedeutung ist, um eine positive und liebevolle Beziehung zu sich selbst aufzubauen, wird sie häufig unterschätzt.

Liebe und Akzeptanz von uns selbst sind für unser Wohlbefinden und unsere persönliche Entwicklung unerlässlich. Wir können uns selbst vollständig annehmen, ohne uns für unsere Fehler oder Unvollkommenheiten zu verurteilen, wenn wir uns selbst lieben. Selbstliebe ermöglicht es uns, geduldig und mitfühlend mit uns selbst zu sein und uns selbst mit all unseren Stärken und Schwächen zu lieben.

Ein wichtiger Aspekt der Selbstliebe ist, dass sie uns dazu inspiriert, immer das Beste für uns selbst zu tun. Es ist nicht egozentrisch, sondern eine bewusste Entscheidung, sich selbst Respekt und Wertschätzung zu geben. Wenn wir uns selbst lieben, erkennen wir unseren Wert und wissen, dass wir von unschätzbarem Wert sind, unabhängig von unseren Leistungen oder äußeren Erfolgen.

Die Kraft der Selbstliebe zeigt sich auch darin, wie sie uns dabei hilft, unsere mentalen und emotionalen Grenzen zu überwinden. Indem wir uns selbst lieben, lernen wir, uns vor übermäßigem Stress oder negativen Einflüssen zu schützen. Wir wissen, dass es wichtig ist, sich Zeit für uns selbst zu nehmen und uns bei Bedarf zu erholen. Selbstliebe hilft uns, uns vor Selbstausbeutung zu schützen und unsere Bedürfnisse zu schätzen.

Ein praktisches Beispiel dafür, wie man Selbstliebe in den Alltag integriert:

Eine tägliche Routine der Selbstliebe kann unser Wohlbefinden erheblich beeinflussen. Hier ist ein nützliches Beispiel dafür, wie man Selbstliebe im täglichen Leben einbringen kann:

Selbstfürsorge: Spendieren Sie sich bewusst Zeit für sich selbst. Es kann sich um ein erholsames Bad, eine ruhige Auszeit oder einen Spaziergang in der Natur handeln. Indem Sie sich Zeit für sich selbst nehmen, zeigen Sie sich, dass Sie es wert sind, sich zu verwöhnen und sich um sich selbst zu kümmern.

Achten Sie während des Tages auf Ihre Gedanken und Gefühle. Versuchen Sie, negative Gedanken bewusst zu erkennen und durch positive Gedanken zu ersetzen, wenn sie auftreten. Statt sich selbst zu kritisieren, sagen Sie stattdessen: „Ich bin gut genug" oder „Ich bin stolz auf das, was ich erreicht habe."

Selbstliebe ist eine Reise, um sich selbst kennenzulernen und zu wachsen. Es ist wichtig, sich daran zu erinnern, dass Selbstliebe ein kontinuierlicher Prozess ist und nicht eine einzige Handlung ist. Obwohl es Zeit, Geduld und Übung erfordert, sind die positiven Auswirkungen auf unser Leben es wert.

Wenn wir uns selbst lieben, können wir unser Bestes geben und ein glückliches Leben führen. Wir können authentisch sein und unsere Einzigartigkeit feiern, wenn wir uns selbst akzeptieren und lieben. Das Annehmen und die Liebe zu uns selbst gibt uns die Kraft, Herausforderungen zu meistern und das Leben mit Freude und Zuversicht zu leben.

Zusammenfassend ermöglichen die vier Schlüsselkomponenten des Selbst – das Selbstverständnis, das Bewusstsein für unsere Gedanken und Gefühle, die Akzeptanz unserer Stärken und Schwächen und die Kraft der Selbstliebe – uns, das Rätsel des "Ichs" zu entwirren und ein klareres Bild von uns selbst zu entwickeln. Sie helfen uns, uns selbst besser zu verstehen und zu schätzen, und ermöglichen es uns, auf dieser Basis das Spiel des Lebens effektiver zu meistern.

Ich lade Sie herzlich ein, sich auf diese aufregende Reise der Selbstentdeckung zu begeben und die faszinierenden Wunder und Geheimnisse, die in Ihnen schlummern, zu enthüllen. Doch zuvor schauen wir uns die inspirierende Geschichte von Steve Jobs an, dem Mitbegründer von Apple:

Steve Jobs ist vor allem als Mitbegründer von Apple in den 1970 Jahren bekannt und spielte eine Schlüsselrolle bei der Entwicklung innovativer Produkte wie dem Macintosh-Computer, dem iPod, dem iPhone und dem iPad. Nach außen hin schien seine Karriere sehr erfolgreich zu sein, doch Jobs selbst war innerlich nicht zufrieden.

In den 1980 Jahren wurde er von Apple entlassen und gründete NeXT, ein Computerunternehmen. Doch auch dort erlebte er Misserfolge und das Unternehmen konnte sich nicht wie erwartet etablieren.

Dies führte Jobs zu einer Zeit der Selbstreflexion und inneren Suche.

Während dieser Zeit reiste Jobs um die Welt, besuchte Indien und praktizierte Meditation. Er las spirituelle Bücher und beschäftigte sich eingehend mit Fragen über die Existenz und den Sinn des Lebens. Diese Reise der Selbstfindung half ihm, seine Werte und Ziele neu zu definieren.

Schließlich kehrte Jobs zu Apple zurück und brachte eine völlig neue Perspektive mit. Er führte das Unternehmen zu einer erstaunlichen Renaissance und brachte Produkte auf den Markt, die die Art und Weise, wie wir mit Technologie interagieren, revolutionierten.

Jobs´ innere Reise zur Selbstfindung half ihm, seine Vision für Apple und seine Produkte klarer zu definieren. Er fand einen Weg, Kreativität und Technologie mit menschlichen Bedürfnissen und Emotionen zu verbinden und brachte bahnbrechende Erfolge. Diese Geschichte zeigt, wie eine innere Reise zur Selbstfindung selbst inmitten äußerer Erfolge von unschätzbarem Wert sein kann.

Learnings:

➢ Beherrsche den Geist: In der Achtsamkeit halten wir die Zügel unserer Gedanken und Gefühle fest im Griff.

➢ Umarme dich: Indem wir unsere Stärken feiern und unsere Schwächen annehmen, beginnen wir den Weg der Selbstverbesserung.

➢ Rückblickend lernen: Durch bewusste Selbstbeobachtung ziehen wir Lehren aus unseren Erfahrungen und formen uns weiter.

➢ Lerne dich selbst zu lieben: Indem wir uns täglich bewusst der Selbstliebe widmen, entwickeln wir eine innige Bindung zu uns selbst.

KAPITEL 2

ZIEL IM BLICK

„Der Unterschied zwischen dem Unmöglichen und dem Möglichen liegt in der Entschlossenheit einer Person."
~ TOMMY LASORDA

Nachdem wir uns im letzten Kapitel vornehmlich mit uns selbst und einzelnen Facetten unserer Persönlichkeit beschäftigt haben, möchte ich Sie nun auf den nächsten Schritt vorbereiten. Sie haben einen tieferen Einblick in Ihre Identität, Ihre Stärken, Schwächen und Emotionen gewonnen. Jetzt, ausgestattet mit dieser Selbsterkenntnis, ist es an der Zeit, unseren Blick nach vorn zu richten und Ihre Ziele ins Visier zu nehmen.

Ziele sind wie Leuchtfeuer auf unserer Lebensreise - sie geben uns Orientierung und leiten unseren Weg.

Denken Sie in diesem Zusammenhang an einen malerischen See, auf dem viele Boote fahren. Obwohl diese Boote Menschen darstellen, ist es auffällig, dass viele von ihnen ohne Segel unterwegs sind, was eine interessante Parallele zu Menschen darstellt, die keine klaren Lebensziele haben.

Einige der Boote reagieren unterschiedlich. Einige paddeln ohne Ziel, und ihre Insassen sind offensichtlich verärgert. Andere sitzen apathisch in ihren

Booten und haben keine Motivation, sie zu lenken. Während einige dieser Menschen über ihr Schicksal klagen, scheinen andere resigniert zu sein.

Aber in dieser Metapher gibt es einige, die das Potenzial erkennen, den Wind als Antrieb zu verwenden. Sie entscheiden sich dafür, ihre eigenen Segel zu setzen. Sie erkennen, dass sie die freie Entscheidung haben, ihre Richtung und ihre Ziele bewusst zu wählen.

Die Segelboote stehen symbolisch für diejenigen, die sich Ziele setzen und bewusst ihre Reise durch das Leben gestalten. Diejenigen ohne Segel hingegen symbolisieren Menschen, die keine klare Richtung und keine klaren Ziele haben.

Doch es reicht nicht aus, nur ein Ziel zu haben, wir müssen es sorgfältig auswählen und planen. Hier sind einige Tipps, die Ihnen dabei helfen können:

2.1. Zielklarheit:

Eines ist sicher: Bevor Sie losfahren, müssen Sie entscheiden, wohin Sie reisen möchten. Klingt einfach? Doch wie bekommen Sie ein klares Verständnis für Ihre Ziele?

Hier einige Gedanken dazu. Nehmen Sie sich einen Augenblick: Aus der Hektik des Alltags herauszutreten und einen Moment der Ruhe zu finden, kann ein mächtiges Werkzeug sein.

Fragen Sie sich selbst: Was ist mir wichtig? Was entzündet das Feuer in mir? Was sind meine Stärken und Talente? Was lässt mein Herz höherschlagen?

Die Antworten auf diese Fragen können Ihnen helfen, ihre Ziele zu formulieren.

Film ab:

Stellen Sie sich vor, Sie könnten in die Zukunft reisen. Wie wird Ihr Leben in 5, 10, 20 Jahren aussehen? Wie fühlt es sich an, seine Ziele zu erreichen? Dieses „Kopfkino" verschafft Ihnen ein klareres Bild Ihrer Ziele und motiviert Sie, diese zu verfolgen. Schreiben Sie Ihre Ziele auf ein Blatt Papier.

Es mag veraltet erscheinen, aber schreiben Sie Ihre Ziele auf! Eine Studie der Yale-Universität zeigt, dass die Absolventen, die klare schriftliche Ziele für ihre Zukunft hatten, im Laufe der Zeit eher erfolgreich waren als diejenigen, die keine klaren Ziele hatten. Durch das Formalisieren der Ziele nehmen diese Form an und erhöhen das Gewicht. Und Sie können sich auf das konzentrieren, was Sie erreichen möchten. Beachten Sie dabei die bekannten SMART-Kriterien: Spezifisch, messbar, herausfordernd, realistisch und zeitgebunden.

Nachdem wir nun wissen, wie man Ziele findet, werfen wir einen Blick auf die verschiedenen Arten von Zielen. Das Spektrum ist groß und hängt von Ihren individuellen Wünschen ab. Hier sind einige Beispiele:

- **Berufliche Ziele:** Diese sind auf Ihre Karriere ausgerichtet. Möchten Sie eine bestimmte Position erreichen, ihr Einkommen steigern oder eine neue Fähigkeit erlernen?

- **Persönliche Entwicklungsziele:** Diese Ziele zielen auf Ihr persönliches Wachstum ab. Möchten Sie ihre emotionale Intelligenz verbessern, Ihre Kommunikation verbessern oder Ihr Selbstvertrauen stärken?

- **Gesundheits- und Fitnessziele:** Diese Ziele betreffen Ihren Körper. Streben Sie danach, Gewicht zu verlieren, gesünder zu werden, sich gesünder zu ernähren oder weniger Stress zu haben?

> **Finanzielle Ziele:** Sie drehen sich um Geldangelegenheiten. Möchten Sie mehr sparen, weniger ausgeben, sinnvoll investieren oder Schulden abbezahlen?

> **Soziale Ziele:** Sie betreffen Ihre Beziehungen zu anderen, ob Familie, Freunde, Partner oder Kollegen.

Letztendlich sollten Ihre Ziele mit ihren Werten übereinstimmen. Ziele, die Ihren tiefsten Überzeugungen und Wünschen entsprechen, werden Sie zusätzlich motivieren. Es motiviert Sie nicht nur, Ihre Ziele zu erreichen, sondern gibt Ihnen auch ein Erfolgserlebnis und Zufriedenheit, wenn Sie es erreichen. Es geht nicht nur darum, irgendetwas zu erreichen, sondern etwas, was Ihnen wichtig ist.

2.2. Pfad planen:

Sie haben also dieses bedeutende Ziel im Auge, oder? Jetzt ist es an der Zeit, Ihre Route zu planen. Vergessen Sie nicht, dass es keine gerade Strecke von A nach B ist. Es ist eher eine unterhaltsame Reise mit allen Arten von Höhen und Tiefen, Kurven und Wendungen. Darüber hinaus erfordert dieser Weg eine gewisse Anpassungsfähigkeit, den Wunsch, aus Ihren Erfahrungen zu lernen und den Mut, alle Hindernisse zu überwinden. Hier sind ein paar Ideen, wie Sie Ihre Reise gestalten können:

1. **Zerlegen Sie ein großes Ziel in kleinere, überschaubare Aufgaben:** Stellen Sie sich das Ziel wie einen hohen Berg vor, den Sie erklimmen möchten. Der Anblick kann ziemlich einschüchtern. Was ist jedoch, wenn man den Berg als eine Kette kleiner Hügel betrachtet, die man langsam erklimmen muss? Jeder Hügel, den Sie erklimmen, stärkt Ihr Selbstvertrauen und gibt Ihnen die Kraft, sich der nächsten Herausforderung zu stellen.

2. **Nutzen Sie passende Werkzeuge:** Es gibt zahlreiche Methoden und Hilfsmittel, die Ihnen bei der Planung ihres Weges helfen können. Eine einfache Prioritätenmatrix oder eine To-Do-Liste ist häufig ausreichend. Vielleicht sind Sie eher digital unterwegs und bevorzugen Anwendungen oder Projektmanagement-Tools. Entscheiden Sie, was für Sie am besten ist.

3. **Fehler sind nicht dein Feind:** Auf Ihrem Weg werden Hindernisse auftreten und Sie werden Fehler machen. Dies ist nicht nur gut, sondern auch ein wichtiger Teil des Prozesses. Jeder Fehler ist eine Gelegenheit, zu lernen und zu wachsen. Nehmen Sie sich die Zeit, über diese Erfahrungen nachzudenken und Schlussfolgerungen zu ziehen. Sie können wichtige Erkenntnisse für Ihre Zukunft liefern.

4. **Seien Sie bereit, ihre Route anzupassen:** Gelegentlich kommt es anders als erwartet. Vielleicht öffnet sich plötzlich eine neue Tür oder Sie merken, dass einige ihrer ursprünglichen Annahmen nicht ganz zutreffend waren. In solchen Situationen ist es wichtig, flexibel zu reagieren und ihren Kurs zu korrigieren.

5. **Sie müssen nicht allein gehen:** Diese Reise kann manchmal einsam sein, aber Sie müssen sich nicht allein bestreiten. Ob Sie einen Coach, einen Mentor oder einfach nur die Unterstützung ihrer Freunde und Familie haben, ihre Unterstützung ist wertvoll.

Die Planung Ihres Weges erfordert Geduld und Aufmerksamkeit. Jedoch denke ich, dass es sich lohnt – wie die bemerkenswerte und inspirierende Geschichte von Betty Anne Waters zeigt:

Die Amerikanerin Betty Anne Waters arbeitete hart daran, ihren unschuldig verurteilten Bruder Kenny Waters zu retten.

Ihr Bruder wurde fälschlicherweise des Mordes angeklagt und erhielt eine lebenslange Haftstrafe. Trotzdem war Betty Anne Waters entschlossen, ihn zu befreien, weil sie fest an seine Unschuld glaubte. Trotz ihrer fehlenden formalen Ausbildung beschloss sie, Jura zu studieren, um ihren Bruder vor Gericht zu verteidigen.

Betty Anne Waters kämpfte fast 20 Jahre lang um die Überprüfung des Falls ihres Bruders. Sie arbeitete Tag und Nacht daran, sich rechtliche Kenntnisse anzueignen und Beweise zu sammeln, die seine Unschuld beweisen würden. Sie hatte viele Schwierigkeiten und Rückschläge, aber sie gab niemals auf.

Ihre Tapferkeit zahlte sich schließlich aus, als sie DNA-Beweise entdeckte, die zweifellos die Unschuld ihres Bruders bewiesen. Nach fast 20 Jahren im Gefängnis wurde Kenny Waters dank ihrer Bemühungen schließlich freigelassen.

Die Geschichte von Betty Anne Waters ist ein inspirierendes Beispiel für die Kraft des Glaubens an das Gute und der Entschlossenheit. Ihre unerschütterliche Überzeugung, dass ihr Bruder unschuldig war, trieb sie an, große Hindernisse zu überwinden, um letztendlich Gerechtigkeit zu erreichen.

Ihre Geschichte erinnert uns daran, wie wichtig es ist, für das einzustehen, was wir glauben, und niemals aufzugeben, selbst wenn der Weg schwierig ist.

Auch Sie sind der Kapitän ihres eigenen Lebens und jeder sorgfältig geplante Schritt bringt Sie ein Stück näher an ihr Traumziel. Wir müssen einen Berg besteigen, also packen Sie Ihre Sachen.

Learnings:

- **Sicherheit im Ziel ist der Schlüssel:** Es ist wichtig, ein Ziel als Fundament zu setzen, um ein stabiles Fundament fürs Leben zu schaffen. Es ist der Grundstein für unser Leben.

- **Große Visionen in handhabbare Aufgaben unterteilen:** Große Projekte können überwältigend sein. Teilen Sie sie in einfach zu erreichende Schritte auf und genieße das Gefühl von Erfolg, wenn Sie jeden einzelnen erreichen.

- **Aktionsplan ausarbeiten:** Ein gut durchdachter Plan bietet Struktur und einen klaren Weg, um ihre Ziele zu erreichen.

- **Ausdauer zahlt sich aus:** Es braucht Zeit und Engagement, um Erfolg zu haben. Auch wenn die Dinge manchmal schwierig erscheinen, geben Sie nicht auf.

- **Vertrauen Sie auf ihre Fähigkeiten:** Glauben Sie an ihre Fähigkeiten und vertrauen Sie sich selbst. Sie können viel erreichen, wenn Sie nur daran glauben.

KAPITEL 3

OPTIMISMUS ALS KOMPASS

"Optimismus ist die geheime Zutat des Erfolgs. Er nährt den Glauben an Möglichkeiten und schafft den Mut, Hindernisse zu überwinden."

~ ELON MUSK

Im letzten Abschnitt haben wir uns auf unsere Ziele konzentriert, aber jetzt schauen wir genauer auf den Optimismus, ein wichtiges Element unserer inneren Transformation.

3.1. Optimismus kultivieren

Optimismus ist eine geistige Haltung, die sich durch eine positive Erwartungshaltung und die Überzeugung auszeichnet, dass gute Dinge wahrscheinlicher sind als schlechte. Optimisten sehen das Beste in Menschen und Umständen und glauben, dass es möglich ist, positive Ergebnisse zu erzielen.

> Hier sind einige Eigenschaften und Verhaltensweisen, die typischerweise mit Optimismus in Verbindung gebracht werden:

> Positive Erwartungshaltung

> Problemlösungsansatz

> Resilienz

> Hoffnung

> Zuversicht

> Anpassungsfähigkeit

Wir sind uns einig - es erfordert Stärke, in turbulenten Zeiten optimistisch zu bleiben. Besonders dann, wenn Negativität und Pessimismus auf uns wie heftige Wellen einstürzen. Wer sich jedoch darauf konzentriert, das Gute zu finden und zu bewahren, wird nicht nur seine geistige Stabilität bewahren, sondern auch schwierige Herausforderungen leichter bewältigen.

Optimismus ist eine Entscheidung, eine innere Haltung. Es beginnt damit, dass wir die Kontrolle über unsere Gefühle und Gedanken behalten. Wir können uns bewusst entscheiden, einen anderen Weg zu gehen und positive Alternativen zu suchen, sobald wir uns der

Negativität unserer eigenen Gefühle bewusst werden. Es geht dabei nicht darum, negative Gefühle zu ignorieren oder zu verhindern. Es geht darum, alle Emotionen zu akzeptieren und gleichzeitig aktiv nach den positiven Seiten des Lebens zu suchen.

Der eigene Optimismus kann durch ein dankbares Herz gefördert werden. Eine Übung der Dankbarkeit, ob durch ein Tagebuch oder einfache Gedanken, hilft, die Aufmerksamkeit auf das Gute und nicht auf das, was fehlt, zu lenken.

Die Menschen, die uns umgeben, haben auch einen erheblichen Einfluss darauf, wie optimistisch wir sind. Es ist einfacher, unsere Einstellung zu verbessern, wenn wir uns mit positiven Menschen umgeben.

Schließlich müssen Realismus und Optimismus zusammenarbeiten. Optimismus bedeutet nicht, unrealistische Hoffnungen zu hegen, sondern positiv zu denken und realistische und erreichbare Ziele zu setzen.

Zu guter Letzt ist Optimismus mehr als nur ein Wort. Es ist eine tief verankerte Lebenseinstellung, die uns dabei hilft, unsere Ziele zu erreichen und das persönliche Wohlbefinden und die Zufriedenheit zu fördern. Jeder kann mit bewusster Übung und einer richtigen Einstellung mehr Optimismus in sein Leben bringen.

3.2. Widerstandsfähigkeit entwickeln

Ein Begriff wie Widerstandsfähigkeit oder Resilienz ist bekannt, aber was bedeutet er eigentlich? Beide Begriffe beziehen sich auf die Fähigkeit einer Person oder Organisation, sich von Rückschlägen, Stress oder Widrigkeiten erfolgreich zu erholen und sich anzupassen. Es ist die Fähigkeit, trotz Schwierigkeiten stark und gesund zu bleiben oder schnell wieder gesund zu werden. Resiliente Menschen sind in der Lage, mit herausfordernden Situationen umzugehen, sich an Veränderungen anzupassen und trotz Herausforderungen erfolgreich zu sein. Es ist eine innere Stärke, die uns hilft, durch die dunkelsten Zeiten zu navigieren, ohne unseren Mut und unseren Lebenswillen zu verlieren.

Es ist eine Fehleinschätzung zu glauben, dass diese Eigenschaft nur wenigen ausgewählten Menschen in die Wiege gelegt wird. Resilienz kann in der Tat erlernt werden, und zwar unabhängig von unseren individuellen Umständen.

Resilienz bedeutet, die Tatsache zu akzeptieren, dass Fehler und Niederlagen Teil unseres Lebens sind. Diese besondere Fähigkeit, durch Leid und Enttäuschung zu gehen, ermöglicht es Ihnen, sie nicht nur zu ertragen, sondern als Chance zu begreifen, etwas zu lernen. Sie ist unser Mentor auf dem Weg zur persönlichen Entwicklung und inneren Reife.

Aber wie können wir diese versteckte Fähigkeit entwickeln? Die Stärkung des Selbstbewusstseins und des Selbstwertgefühls ist ein erster Schritt auf diesem Weg. Es geht darum, zu erkennen, dass wir in der Lage sind, uns von unseren Fehlern zu erholen und weiterzumachen.

Es ist ebenso wichtig, ein stabiles soziales Netzwerk aufzubauen und gute Beziehungen zu pflegen. Freunde, Familie oder Berater sind unsere Stützpfeiler und Leuchttürme in den Stürmen des Lebens.

Die Selbstfürsorge, die sowohl den Körper als auch den Geist umfasst, ist ein weiterer wichtiger Schritt zur Resilienz. Resilienz kann durch gesunde Lebensgewohnheiten, das Hören auf die eigene innere Stimme und die Sorge um das eigene Wohlbefinden gefördert werden.

Daher ist Resilienz kein unerreichbares Ziel, sondern eine Fähigkeit, die jeder entwickeln und stärken kann. Sie beginnt damit, Herausforderungen zu akzeptieren, sich zu verbessern und Beziehungen zu pflegen. Diese Werkzeuge helfen uns nicht nur, Rückschläge zu überwinden, sondern auch ein erfülltes und robustes Leben zu führen.

3.3. Achtsames Selbstgespräch

Haben Sie jemals bemerkt, wie oft Sie mit sich selbst sprechen? Und nein, ich meine nicht nur die Momente, in denen Sie laut fluchen, weil Sie die Kaffeetasse umgestoßen haben. Ich meine damit die fortlaufenden Dialoge, die in den Tiefen ihres Geistes stattfinden. Diese ständigen inneren

Diskussionen sind normal und ein wichtiger Bestandteil ihrer psychischen und emotionalen Gesundheit. Das achtsame Selbstgespräch kann ein mächtiges Werkzeug sein, um Ihre Emotionen und Ihre Gedanken zu beeinflussen.

In unserem inneren Bewusstsein, das von der Hektik der äußeren Welt geschützt ist, ist immer etwas in Bewegung. Unsere Wahrnehmung wird von Gedanken und Gefühlen beeinflusst, die unsere Emotionen und Entscheidungen beeinflussen. Aus diesem Grund ist es von entscheidender Bedeutung, dass wir genau darauf achten, wie wir mit uns selbst sprechen. Ist unser innerer Monolog aufbauend und ermutigend oder zieht er uns in einen Abgrund der Selbstkritik?

Achtsame Selbstgespräche unterstützen uns dabei, unserem inneren Gespräch einen freundlichen und ermutigenden Ton zu geben. Eine Stimme, die uns sowohl durch die Höhen als auch durch die Tiefen unseres Lebens führt. Anstatt uns für unsere Fehler zu schämen, sollten wir uns daran erinnern, dass Misserfolge häufig die besten Lehrmeister sind. Wir sollten unsere Fehler nicht verurteilen, sondern akzeptieren, dass sie Teil unserer menschlichen Entwicklung sind.

Ich muss zugeben, dass das Erlernen dieser Art der Selbstkommunikation zu Beginn sehr schwierig ist, insbesondere wenn wir uns über Jahre daran gewöhnt haben, uns selbst ständig zu kritisieren. Ungeachtet dessen sind positive Botschaften an sich selbst sind eine Methode, die sich bewährt hat. Sie erinnern uns daran, dass wir wertvoll sind, dass wir Fähigkeiten haben und dass wir unsere Ziele erreichen können.

Meditation kann in diesem Zusammenhang eine nützliche Möglichkeit sein, unsere innere Stimme zu ändern. Meditation kann uns helfen, unseren unruhigen Geist zu beruhigen und unsere Gedankenmuster zu identifizieren.

Durch diese Selbstbeobachtung können wir negative Gedanken loslassen und positive Gedanken fördern.

Aber ein achtsames Gespräch mit sich selbst geht über das bloße positive Denken hinaus. Es geht darum, uns selbst mit all unseren Qualitäten und Mängeln anzunehmen und gleichzeitig zu akzeptieren, dass wir das Potenzial haben, uns zu ändern und zu verbessern. Es ist eine Erinnerung daran, dass wir stark sind und dass wir Respekt und Wohlwollen verdienen – und das fängt bei uns selbst an.

3.4. Zukunftsorientiertes Denken

Es gibt eine Vielzahl von Möglichkeiten, die noch nicht entdeckt wurden und neue Gelegenheiten bieten. Ist es nicht interessant, wie diese einfache Vorstellung unsere Sinne erweckt, unsere Gedanken belebt und uns optimistisch macht?

In einer Zeit, die sich rasant beschleunigt, ist es wichtig, unseren Fokus bewusst auszurichten und das zu berücksichtigen, was vor uns liegt.

Die Zukunft ist nicht nur ein weiterer Schritt auf unserem Lebensweg. Unsere tiefsten Wünsche und Hoffnungen spiegeln sich in unseren Vorstellungen und Zielen für morgen wider. Genau hier kommt das zukunftsorientierte Denken zum Einsatz: Es transformiert unsere Vorstellungen und Erwartungen in konkrete Ziele und Aufgaben.

Wie können wir diese Vorstellungen so gestalten, dass sie uns inspirieren, motivieren und uns optimistisch machen? Das Erkennen und Annehmen unserer Träume und Sehnsüchte ist der erste Schritt. Vielleicht träumst du davon, ein Buch zu verfassen, dein eigenes Unternehmen zu gründen oder mehr Zeit in der freien Natur zu verbringen. Lassen Sie es zu, diese Träume frei zu denken und auszusprechen.

Im nächsten Schritt werden wir diese Träume in realistische Ziele verwandeln. Stellen Sie sich dazu vor, wie ihr Leben nach dem Erreichen ihres Ziels aussieht. Wie fühlen sie sich? Was hat sich entwickelt? Diese gedankliche Reise in die Zukunft verbindet Sie emotional mit Ihren Zielen und weckt Ihren Wunsch, die notwendigen Schritte zu unternehmen, um diese Ziele zu erreichen.

Es ist dabei von großer Bedeutung, bei der Planung der Zukunft immer einen gesunden Realitätssinn zu behalten. Nicht alle unsere Träume werden Wirklichkeit - das ist ganz normal. Das Leben führt uns manchmal auf Wege, die wir nicht erwarten konnten. Auch unsere Träume und Sehnsüchte verändern sich. Zukunftsorientiertes Denken bedeutet, sich nicht fest an einem Plan zu klammern, sondern sich für Veränderungen und Chancen zu öffnen, die das Leben uns bietet.

Wir öffnen eine Tür zur Hoffnung und zum Optimismus, indem wir uns erlauben, in die Zukunft zu denken. Die Zukunft ist ein offenes Buch mit noch nicht erzählten Geschichten und unentdeckten Möglichkeiten, unabhängig von den Herausforderungen, die die Vergangenheit bereithielt und den Anforderungen, die die Gegenwart an uns stellt.

3.5. Selbstvertrauen stärken

Unser Kurs wird nicht immer von den Umständen bestimmt, sondern auch von der Art und Weise, wie wir mit ihnen umgehen. Selbstvertrauen ist ein wichtiger Faktor, der uns hilft, auch in schwierigen Zeiten den Kopf über Wasser zu halten. Wenn wir in den Wellen des Lebens zu ertrinken drohen, ist es ein innerer Leuchtturm, der uns den Weg weist.

Selbstvertrauen kommt nicht von Geburt an. Es ist ein kostbares Gut, das wir im Laufe der Zeit entwickeln und pflegen müssen. Es basiert auf unseren eigenen Erfahrungen und unserem Bewusstsein für unsere Fähigkeiten.

Selbstvertrauen ist das Vertrauen in unsere eigenen Fähigkeiten und unsere Fähigkeit, trotz schwieriger Umstände weiterzumachen.

Wie kann man jedoch dieses entscheidende Selbstvertrauen entwickeln? Der erste Schritt besteht darin, sich selbst zu erkennen. Wir müssen uns selbst verstehen, unsere Stärken und Schwächen erkennen und bereit sein, uns kontinuierlich zu verbessern. Dies erfordert eine liebevolle und offene Kommunikation mit uns selbst.

Die Übernahme von Verantwortung für unser eigenes Leben und unsere Entscheidungen ist ein weiterer wichtiger Aspekt. Wir gewinnen an Selbstvertrauen, wenn wir wissen, dass wir die Autoren unserer eigenen Geschichte sind. Es geht darum, zu verstehen, dass wir unsere Situation beeinflussen können und dass unsere Entscheidungen wichtig sind.

Wir sollten uns Herausforderungen stellen und bereit sein, neue Erfahrungen zu sammeln, um unser Selbstvertrauen zu stärken. Wir wachsen über uns hinaus, wenn wir uns aus unserer Komfortzone wagen. So gewinnen wir immer mehr Vertrauen in unsere eigenen Fähigkeiten und unser Potenzial.

Schließlich sollten wir unsere Erfolge feiern. Oftmals konzentrieren wir uns so sehr auf unsere Ziele, dass wir vergessen, was wir bereits erreicht haben. Wir gewinnen Selbstvertrauen und stärken unser Vertrauen in unsere Fähigkeiten, indem wir unsere Erfolge würdigen und feiern.

Selbstvertrauen ist mehr als nur ein Gefühl; es ist eine innere Einstellung, die uns dazu inspiriert, mutig in unser Leben zu treten. Es ermöglicht uns, unseren Träumen zu folgen und Risiken einzugehen. Das Selbstvertrauen ist der Schlüssel, um den Herausforderungen des Lebens standzuhalten und unseren eigenen Weg zu gehen.

Schauen wir uns in diesem Zusammenhang die Geschichte von Thomas Edison an, dem Erfinder der Glühbirne. Sie ist ein großartiges Beispiel für Optimismus und Durchhaltevermögen.

Thomas Edison war bekannt dafür, dass er trotz vieler Schwierigkeiten und Misserfolge immer optimistisch blieb.

Bevor Edison schließlich mit seiner Glühbirne erfolgreich war, unternahm er zahlreiche Experimente. Viele Menschen hätten nach vielen Fehlversuchen aufgegeben, aber Edison hat es nicht getan. Er sah diese Fehler nicht als Fehler an, sondern als Chancen, zu lernen und zu wachsen.

„Ich bin nicht gescheitert", ist ein bekanntes Zitat von ihm. Ich habe lediglich 10.000 Methoden entdeckt, die nicht funktionieren. Obwohl es viele Herausforderungen und Versuche gab, die nicht erfolgreich waren, blieb Edison optimistisch und beharrlich.

Nach vielen Versuchen erfand Edison schließlich eine Glühbirne, die funktionierte und die Welt veränderte. Er konnte trotz aller Widrigkeiten erfolgreich sein, weil er eine unerschütterlich positive Einstellung und Optimismus hatte.

Mit einem festen Optimismus sind wir besser gewappnet, den Herausforderungen des Lebens zu begegnen und unsere Ziele zu erreichen. Im nächsten Kapitel sprechen wir über die Bedeutung von Ausdauer. Bleiben Sie also auf dem Laufenden!

Learnings:

> **Optimismus als Grundhaltung:** Optimismus ist eine Einstellung, nicht nur ein Wort. Es ist die Fähigkeit, sich selbst in schwierigen

Situationen auf positive Ergebnisse zu konzentrieren. Es bedeutet, dass wir uns auf unser Potenzial und unsere Fähigkeiten verlassen, um Schwierigkeiten zu bewältigen und unsere Ziele zu erreichen.

➢ **Die Kraft der Widerstandsfähigkeit:** Optimismus kann uns helfen, unsere Widerstandsfähigkeit zu erhöhen. Widerstandsfähige Menschen betrachten Misserfolge nicht als letzte Niederlage, sondern als Gelegenheit, aus ihren Fehlern zu lernen und sich weiterzuentwickeln.

➢ **Die Rolle des achtsamen Selbstgesprächs:** Achtsame Selbstgespräche können dazu beitragen, negative Gedankenmuster zu überwinden und unseren Optimismus zu stärken. Wir können unsere Selbstwahrnehmung verbessern und uns ermutigt fühlen, Herausforderungen anzugehen, indem wir lernen, uns selbst mit Freundlichkeit und Verständnis zu begegnen.

➢ **Die Bedeutung von zukunftsorientiertem Denken:** Optimismus bedeutet, nach vorne zu schauen und eine gute Zukunft zu planen. Zukunftsorientiertes Denken kann uns dazu inspirieren, unsere Ziele zu erreichen und unser Leben positiv zu verändern.

➢ **Das Selbstvertrauen stärken:** Optimismus und Selbstvertrauen sind miteinander verbunden. Wir können mit mehr Zuversicht und Entschlossenheit voranschreiten, wenn wir an uns selbst und unsere Fähigkeiten glauben. Optimismus kann uns stärken und uns motivieren, unsere Ziele zu erreichen.

KAPITEL 4

BEHARRLICHKEIT, DEIN STÄHLERNER BEGLEITER

„Der Tropfen höhlt den Stein nicht durch Kraft,
sondern durch stetes Fallen.“

~ OVID

Stellen Sie sich vor, Sie befinden sich an Bord eines Schiffes, das durch einen wilden Ozean fährt. Diesem Szenario sind wir häufig nicht unähnlich, wenn es darum geht, unsere persönlichen Ziele zu erreichen. Hindernisse und Herausforderungen sind eher die Regel als die Ausnahme. Um unser Ziel zu erreichen, benötigen wir eine starke Begleiterin, die Beharrlichkeit.

4.1. Das Wesen der Beharrlichkeit

Es gibt eine unerkannte Kraft in uns. Eine Macht, die uns erlaubt, unsere tiefsten Sehnsüchte zu erfüllen, unsere kühnsten Träume zu verwirklichen und selbst die härtesten Prüfungen des Lebens zu bestehen. Diese geheime Kraft wird Beharrlichkeit genannt.

Sie ist wie ein unsichtbares Seil, das uns mit unseren Zielen verbindet, selbst wenn das Leben uns durch wilde Stürme schickt.

Was genau bedeutet es, beharrlich zu sein? Es geht nicht einfach um das Festhalten an einer Idee oder einem Ziel. Beharrlichkeit ist eine tief verwurzelte Entschlossenheit kombiniert mit der Fähigkeit, sich anzupassen und flexibel zu reagieren. Diese Kombination ermöglicht es uns, weiter zu marschieren, selbst wenn Hindernisse uns den Weg versperren.

Beharrlichkeit ist nicht genetisch bedingt - es ist vielmehr eine Fähigkeit, die wir im Laufe unseres Lebens kontinuierlich entwickeln können. Es erfordert ständige Übung und Selbstdisziplin.

Allerdings ist die Belohnung für diese Mühe unschätzbar, denn wir können mit Beharrlichkeit beinahe jedes Hindernis überwinden.

Beharrlichkeit sollte nicht mit Sturheit verwechselt werden. Sie beinhaltet die nötige Flexibilität, um unsere Taktik anzupassen, wenn unser bisheriger Weg uns nicht weiterbringt, während Sturheit ein Zeichen von Starrheit und Unbeweglichkeit ist.

Beharrlichkeit inspiriert uns, nach neuen Lösungen zu suchen und uns kontinuierlich weiterzuentwickeln, immer mit unserem endgültigen Ziel vor Augen.

Der persönliche Antrieb ist ein wesentlicher Bestandteil der Beharrlichkeit. Dieses innere „warum" ist unser Kompass, der uns durch die Herausforderungen des Lebens führt.

Die Kraft der Beharrlichkeit ist nicht nur entscheidend für die Erreichung persönlicher Ziele. Sie fördert auch Veränderungen und bewältigt gesellschaftliche Herausforderungen. Beharrlichkeit ist für die größten wissenschaftlichen Fortschritte und bahnbrechenden Innovationen verantwortlich, wie die folgenden Beispiele zeigen:

1. **Nelson Mandela:** Der Mann, der in Südafrika gegen die Apartheid kämpfte, verbrachte 27 Jahre im Gefängnis und setzte sich dann unermüdlich für Versöhnung und Einheit in seinem Land ein, was zum Ende des Apartheidregimes und seiner Wahl zum Präsidenten führte.

2. **J.K. Rowling:** Die Autorin von „Harry Potter" wurde von vielen Verlagen abgelehnt, bevor sie endlich einen Vertrag bekam. Ihre Beharrlichkeit, an ihre Geschichte zu glauben und sich nicht entmutigen zu lassen, hat zu einer der erfolgreichsten Serien und Bücher der Geschichte geführt.

3. **Elon Musk:** Der Unternehmer hat sich kontinuierlich für seine Vision von Elektroautos, Raumfahrt und erneuerbare Energien eingesetzt. Trotz vieler Hindernisse und Rückschläge entwickelte er Unternehmen wie Tesla, SpaceX und SolarCity, die die Branchen revolutionierten.

Jeder von uns ist in der Lage Beharrlichkeit zu entwickeln. Nutzen wir unsere innere Stärke und lassen uns überraschen, wie weit sie uns bringen kann.

4.2. Durchhaltevermögen als Ausdruck der Beharrlichkeit

Standhaft. Erschöpfungsresistent. Unbesiegbar. Durchhaltevermögen zeigt sich hier in seiner puren Form. Es ist der Antrieb, der uns hilft, weiterzumachen, selbst wenn die Wellen des Lebens rau und unbeständig werden.

Die Fähigkeit, unerschütterlich an die eigene Vision zu glauben, ist der Schlüssel. Jedes Hindernis, jede Schwierigkeit oder Unglück wird durch das Durchhaltevermögen lediglich zu einer neuen Etappe auf dem Weg zum Ziel. Dies führt zu einer bedeutenden Veränderung der Perspektive, die uns ermöglicht, scheinbare Verluste als Fortschritte zu betrachten.

Aber beachten Sie, dass Durchhaltevermögen nicht gleichbedeutend mit Sturheit oder Starrköpfigkeit ist. Es ist ein Zeichen der Entschlossenheit, die sich durch ständiges Handeln zeigt. Durchhaltevermögen ist wie ein Feuerfunke, der unsere innere Flamme zum Brennen bringt und uns die Kraft gibt, selbst in schwierigen Zeiten standzuhalten. Durchhaltevermögen ist in Gruppen und Teams genauso wichtig. Es ist das, was einzelne Menschen zu einer starken Gemeinschaft zusammenbringt.

Durchhaltevermögen kann nicht nur durch reine Willenskraft erworben werden. Es erfordert die bewusste Entscheidung, Schwierigkeiten nicht als Hindernisse zu betrachten, sondern als Chancen. Es erfordert die Fähigkeit, mit Frustration emotional intelligent umzugehen und die eigene Energie sinnvoll zu nutzen.

Es ist von Bedeutung zu betonen, dass Geduld nicht zu Vernachlässigung führt. Es zeigt keine Schwäche, wenn man sich Auszeiten nimmt und für die eigene Regeneration sorgt. Tatsächlich sind solche Pausen unerlässlich, um auf lange Sicht erfolgreich zu bleiben.

Zusammenfassend sind Durchhaltevermögen und Selbstvertrauen eng miteinander verbunden. Es erfordert Vertrauen in die eigenen Fähigkeiten, Vertrauen in die eigene Stärke und Zuversicht auf dem eingeschlagenen Weg. Diese Faktoren ermöglichen es uns, ständig kleine Schritte auf unserem Weg zu machen, uns Schritt für Schritt unserem großen Ziel zu nähern und letztendlich den süßen Geschmack von Beharrlichkeit zu kosten.

4.3. Der Nutzen von Widerstand

Wer von uns kennt sie nicht - Schwierigkeiten? Es spielt keine Rolle, ob es die Schwierigkeiten im täglichen Leben, skeptische Menschen oder unsere eigenen Kritiker sind. Alle Formen hindern uns dabei, unser Ziel zu erreichen. Trotz der Tatsache, dass diese Hindernisse unangenehm sind, haben sie auch eine positive Seite: Sie fördern unsere Beharrlichkeit und ermöglichen es uns, über uns selbst hinauszuwachsen.

Widerstand ist wie ein erfahrener Schmied, der rohes Metall in eine glänzende Klinge verwandelt. Das Metall erhält seine endgültige Form und Härte durch hämmern und erhitzen. Widerstand stärkt unseren Charakter, stärkt unsere Stärken und erhöht unsere Durchhaltekraft.

Wenn wir uns großen Herausforderungen stellen müssen, wird Widerstand besonders wertvoll. Wir sammeln wichtige Erfahrungen und neue Fähigkeiten mit jedem Problem, das wir lösen oder jeder Schwierigkeit, die wir überwinden. Diese Fähigkeiten helfen uns nicht nur dabei, unsere Ziele zu erreichen, sondern auch uns auf zukünftige Widerstände vorzubereiten.

Es ist von Bedeutung hervorzuheben, dass es nicht um das Leid geht. Widerstand ist eine Gelegenheit zur persönlichen Entwicklung, nicht ein Selbstzweck. Wir müssen lernen, Widerstände nicht nur als Hindernisse zu betrachten, sondern auch als Chancen, die uns helfen, persönlich zu wachsen.

Widerstand fordert uns heraus, kreativ zu sein, neue Lösungen zu finden und die Dinge aus einem anderen Blickwinkel zu betrachten. Er stärkt unsere Beständigkeit und schärft unsere Wahrnehmung auf das Wesentliche. So wird der Widerstand zu einem wichtigen Werkzeug, um unsere Ziele zu erreichen.

Abschließend kann gesagt werden, dass Widerstand der Schlüssel ist, der die Beharrlichkeit am Leben erhält. Er ist ein lehrreicher Begleiter, der uns zeigt, wie wir unsere Grenzen überwinden und unser vollständiges Potential ausschöpfen können. Es gibt viele neue Möglichkeiten und Erfahrungen, die uns widerstandsfähiger und stärker machen, wenn wir lernen, Widerstände zu schätzen und zu akzeptieren.

4.4. Geduld und die Rolle der Zeit

Es liegt in unserer menschlichen Natur, möglichst schnell und mühelos Erfolg haben zu wollen. Wir streben fast reflexartig nach schnellen Ergebnissen. Was hatten gleich alle, im Zusammenhang mit Beharrlichkeit angeführten Beispiele gemeinsam? Sie brauchten Zeit. Daher stehen Geduld und das Verständnis für die Bedeutung der Zeit im Kontext der Beharrlichkeit im Fokus.

Wir leben in einer Zeit, in der alles in Sekundenschnelle verfügbar sein muss. Es ist daher nicht verwunderlich, dass wir mit derselben Geschwindigkeit unsere Ziele erreichen möchten. Jedoch gibt es einen entscheidenden Nachteil: Es ist nicht möglich, große Ziele und Visionen sofort zu realisieren.

Wenn wir die Tugend der Geduld annehmen, lernen wir, dass jeder noch so kleine Schritt auf unserem Weg zum großen Ziel eine entscheidende Rolle spielt. Jede noch so kleine Handlung oder Entscheidung trägt zu unserem Gesamterfolg bei. Diese scheinbar kleinen Schritte machen am Ende den großen Unterschied.

Geduld lehrt uns, dass Fortschritt und Wachstum nur im Laufe der Zeit erreicht werden kann. Denken Sie an eine Pflanze, die über Nacht nicht wächst. Es erfordert Geduld, Zeit und Aufmerksamkeit. Unser Weg zur Beharrlichkeit ist ähnlich. Die Zeit, die wir benötigen, gibt uns die Möglichkeit, zu lernen, zu wachsen und wertvolle Erfahrungen zu sammeln.

In dieser Hinsicht ist die Bedeutung der Zeit unübertroffen. Sie bietet uns die Möglichkeit, unsere Beharrlichkeit zu verbessern, unsere Taktiken zu überdenken und unsere kleinen Erfolge zu feiern. Sie ermöglicht es uns, unseren Weg bewusst zu gestalten, jeden Fortschritt zu schätzen und das große Bild nicht aus den Augen zu verlieren.

Zusammenfassend lässt sich sagen, dass Geduld und ein gelassenes Verhältnis zur Zeit wichtige Schritte auf unserem Weg zur Beharrlichkeit sind. Sie helfen uns, unseren Weg zu schätzen, geduldig mit unserem Fortschritt umzugehen und zu akzeptieren, dass es Zeit braucht, große Ziele zu erreichen. Beharrlichkeit wird mit Zeit und Geduld zu einer mächtigen Kraft, die uns hilft, unsere Träume und Ziele zu verwirklichen.

4.5. Selbstfürsorge als Unterstützung der Beharrlichkeit

Es ist ein gängiges Bild, das sich uns bietet: Eine Person, die an ihren Zielen festhält, sich selbst quält, kaum Schlaf findet, keinen Urlaub nimmt und schließlich ausgebrannt ist. Dieser Zustand ist weder hilfreich noch erforderlich für die erfolgreiche und langfristige Umsetzung von Beharrlichkeit. Im Gegenteil, er birgt das Risiko, uns zu erschöpfen und schließlich auszubrennen. Selbstfürsorge ist die Lösung.

Selbstfürsorge ist kein Trend oder ein Modewort. Sie ist ein wesentlicher Bestandteil eines gesunden Lebensstils und somit einer Beharrlichkeitspraxis, die langfristig anhält. Im Grunde genommen bedeutet Selbstfürsorge, sich selbst mit der gleichen Fürsorge und Freundlichkeit zu behandeln, die wir auch anderen zeigen. Sie ist der ruhige Begleiter, der es uns ermöglicht, langfristig beharrlich zu sein, ohne uns dabei zu verlieren.

Wie funktioniert Selbstfürsorge in der Realität? Sie umfasst eine Vielzahl von Faktoren, einschließlich körperlicher Gesundheit, psychischer Gesundheit und geistiger Klarheit. Eine gesunde Selbstfürsorge kann durch sportliche Betätigung, eine gesunde Ernährung, ausreichend Schlaf und Ruhephasen erreicht werden. Es ist auch wichtig, auf die psychische Gesundheit zu achten, Stress zu reduzieren und das eigene Wohlbefinden zu fördern.

Wenn wir Selbstfürsorge praktizieren, schaffen wir einen sicheren Ort für uns selbst, in dem wir uns regenerieren, Kraft tanken und mit unserem inneren Gleichgewicht in Einklang kommen können. Dies hilft uns, fokussiert zu bleiben und unseren Weg fortzusetzen, ohne uns selbst zu überfordern.

Es ist von großer Bedeutung zu betonen, dass Selbstfürsorge kein Zeichen von Schwäche ist, sondern von Stärke. Sie zeigt, dass wir uns der Bedeutung unseres eigenen Wohlbefindens bewusst sind und bereit sind, dafür einzutreten. Eine gute Selbstfürsorge ist eine der wichtigsten Voraussetzungen, um unsere Ziele zu erreichen und auf lange Sicht beharrlich zu sein.

Um es kurz auszudrücken: Selbstfürsorge ist die Grundlage, auf der die Beharrlichkeit basiert. Sie begleitet uns ständig auf unserer Reise zum Ziel und hilft uns, gesund, motiviert und fokussiert zu bleiben. Wir können uns beharrlich an unseren Zielen festhalten und sie schließlich erreichen, indem wir auf uns selbst achten und uns die Fürsorge geben, die wir brauchen.

Schauen wir uns im Zusammenhang dieses Kapitels die Geschichte von Joanne Rowling im Detail an:

Vor langer Zeit saß in einer kleinen Wohnung in Edinburgh, Schottland, eine junge Frau namens Joanne Rowling am Küchentisch. Die Wohnung war kühl und das Geräusch des Regens, der gegen die Fenster prasselte, erfüllte die Stille.

Joanne, die früher „Jo" hieß starrte auf Ihren alten Computerbildschirm. Auf dem Bildschirm waren Worte zu sehen – Worte, die eine Geschichte erzählten, die sie nicht losließ.

Joanne hat eine Idee. Die Idee eines jungen Magiers, der Abenteuer erlebt und das Böse bekämpft. Für sie war diese Geschichte mehr als nur eine Flucht vor der Realität: Sie war auch eine Chance, etwas Bedeutendes zu schaffen.

Aber dieser Weg war nicht einfach. Joanne wurde von Verlegern abgelehnt, die nicht an ihre Idee glaubten. Sie hatte finanzielle Schwierigkeiten und musste sich den Herausforderungen des Lebens als alleinerziehende Mutter stellen. Sie ließ sich jedoch nicht entmutigen. Sie wusste, dass ihre Geschichte erzählt werden musste.

Tag für Tag, Seite für Seite kämpfte Joanne weiter. Sie schreibt in Cafés, in Bibliotheken und manchmal sogar auf Zetteln, wenn der Computer streikte. Sie wurde angetrieben von der Magie ihrer eigenen Fantasie und dem Glauben, dass diese Geschichte die Welt verändern kann. Und dann kam der Durchbruch. Ein kleiner Verlag namens Bloomsbury erkannte das Potenzial von Harry Potter und der Stein der Weisen. Sie boten Joanne einen Vertrag an und das erste Buch wurde veröffentlich. Die Welt wurde in den Bann gezogen von der Geschichte eines jungen Zauberers und seinen Abenteuern.

Der Erfolg von Harry Potter war überwältigend. Joanne Rowling, jetzt bekannt als J.K. Rowling sah ihre Beharrlichkeit belohnt. Sie ließ sich nicht von Ablehnung, finanzieller Not oder Selbstzweifeln aufhalten. Ihre Vision hatte sich durchgesetzt und ihre Geschichte haben Millionen von Menschen auf der ganzen Welt inspiriert.

Learnings:

- **Beharrlichkeit – Ein Antriebsmotor:** Beharrlichkeit ist mehr als eine Charaktereigenschaft. Sie ist eine dynamische Kraft, die uns antreibt, auch wenn das Ziel fern und der Weg steinig ist.

- **Ausdauer trotz Rückschläge:** Wahres Durchhaltevermögen zeigt sich in der Beständigkeit, mit der wir unsere Ziele verfolgen, auch wenn wir auf Widerstände stoßen und uns das Erreichen unserer Ziele schwerfällt.

- **Wachsen an den Hindernissen:** Jeder Widerstand, den wir auf unserem Weg erleben, bietet uns eine Chance zur Weiterentwicklung. Es zeigt uns, dass wir uns an neue Gegebenheiten anpassen und trotz aller Widrigkeiten unsere Ziele erreichen können.

- **Geduld zahlt sich aus:** In einer schnelllebigen Zeit kann die Geduld als Tugend in den Hintergrund treten. Doch wahre Größe und nachhaltige Erfolge benötigen Zeit. Mit Beharrlichkeit lernen wir, den Weg zum Ziel wertzuschätzen.

- **Selbstfürsorge – Die Basis der Beharrlichkeit:** Wenn wir konstant Leistung bringen wollen, ist es unerlässlich, auf unser Wohlbefinden zu achten. Selbstfürsorge ist das Fundament, das uns erlaubt, Beharrlichkeit zu zeigen, ohne dabei auszubrennen.

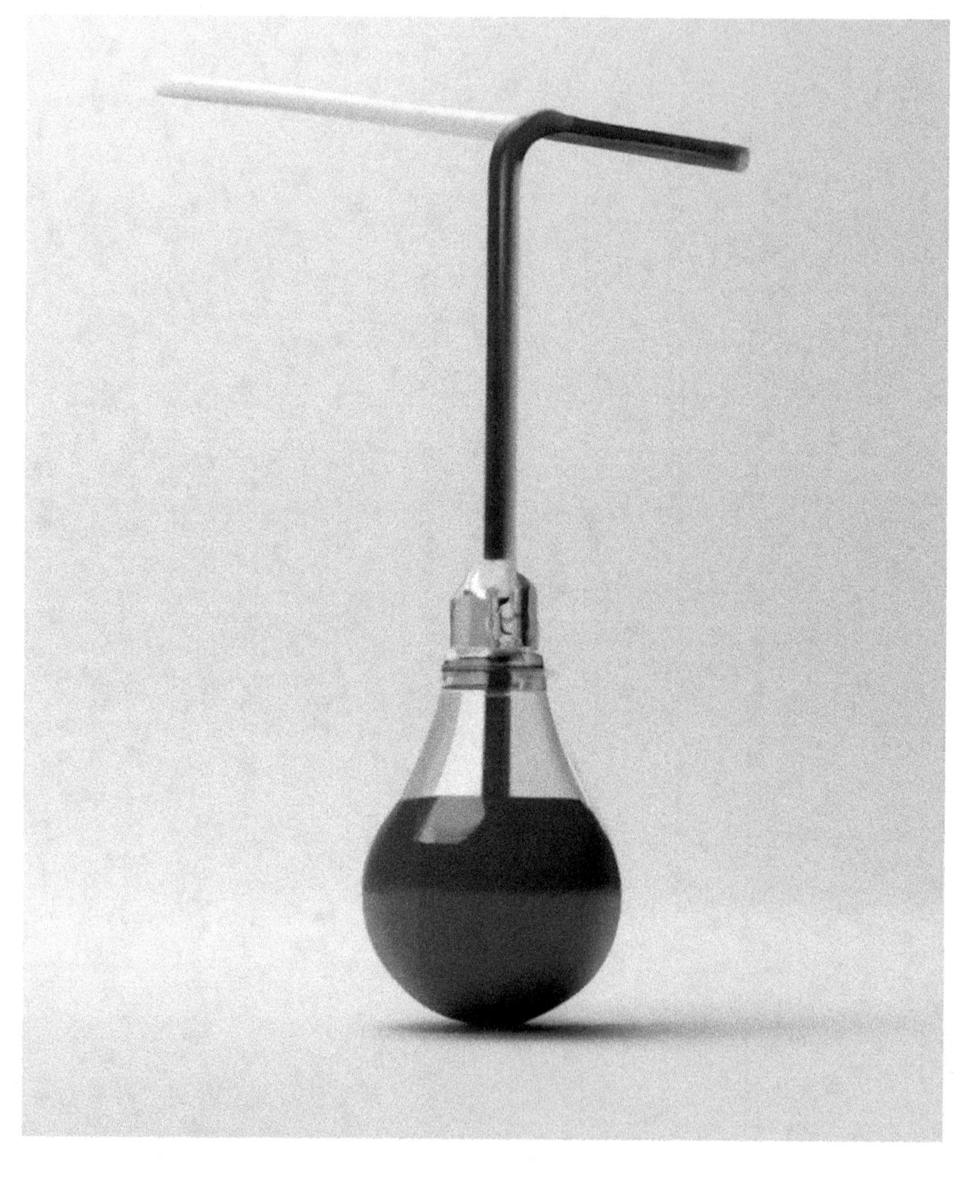

KAPITEL 5

UNSTILLBARER WISSENSDURST

*"Bildung ist das mächtigste Werkzeug, das Sie verwenden
können, um die Welt zu verändern."*

~ NELSON MANDELA

Nachdem wir für uns die Fähigkeit zur Beharrlichkeit entdeckt haben, ist es jetzt an der Zeit, uns dem unerschöpflichen Durst nach Wissen zu widmen.

5.1. Lernen ohne Ende

Die Welt bietet uns unendliche Lernmöglichkeiten. Die Neugier, das Verlangen zu entdecken, zu verstehen und zu erweitern, ist eine der ursprünglichsten menschlichen Triebkräfte. Der unerschöpfliche Wissensdurst ist ein tief verwurzelter Instinkt, der uns dazu treibt, unser Universum zu erforschen, die Mysterien unserer DNA zu entschlüsseln und die unbekannten Abgründe unserer Ozeane zu erforschen. Es ist der unstillbare Durst nach Wissen, der uns dazu antreibt, die Grenzen des Verstehbaren immer weiter zu verschieben.

Aber Lernen findet nicht nur im Klassenzimmer, in der Bibliothek oder im Labor statt. Nein, wir lernen, wenn wir Gespräche führen, wenn wir neue Orte bereisen, wenn wir kochen, Sport treiben, Kunst schaffen, oder einfach nur still in der Natur sitzen und die Welt um uns herum beobachten. Das Leben ist eine ständige Entdeckungsreise, und unser Planet ein Klassenzimmer.

Es ist unsere Neugier und unser Wissensdurst, die es uns ermöglichen, komplexe Fähigkeiten zu erlernen, uns in einer ständig verändernden Welt zurechtzufinden und als Individuen zu wachsen. Sie ermöglicht es uns, neue Konzepte zu erfassen, kritisch zu denken und kreative Lösungen für Probleme zu finden. Sie drängt uns dazu, jeden Tag etwas Neues zu lernen, um uns zu verbessern und weiter zu wachsen.

Lernen hilft uns jedoch nicht nur, unser Wissen zu erweitern. Es ist auch ein Werkzeug, um unsere psychische und emotionale Gesundheit zu verbessern. Lernen stellt uns Herausforderungen, erweitert unsere Perspektive und öffnet unseren Geist für neue Sichtweisen. Wir setzen uns mit neuen Ideen auseinander, üben uns in Geduld und Ausdauer und überwinden Hindernisse. Das alles stärkt unsere geistige Anpassungsfähigkeit und unsere emotionale Resilienz.

Lernen als ein Ziel zu betrachten, wäre ein Fehler. Stattdessen sollten wir es als eine dauerhafte Reise, ein unaufhörliches Abenteuer betrachten. Es gibt kein endgültiges Ziel oder Ende. Der wahre Wert des Lernens liegt in den täglichen Entdeckungen, die wir machen. Er liegt darin, unser Verständnis kontinuierlich zu erweitern, unseren Intellekt zu vertiefen und ständig nach Verbesserung und Wachstum zu streben.

Seien Sie also offen, bleiben Sie neugierig und interessiert. Die Welt ist voller Wunder, die noch entdeckt werden müssen. Nutzen Sie jede Gelegenheit, um zu lernen und zu entdecken, was Sie noch nicht wissen. Verwandeln Sie ihr Leben in eine Reise, die nie endet. Denn diejenigen, die die Welt mit frischen Augen sehen, sind die größten Entdecker, und das Lernen ermöglicht uns immer wieder, die Welt mit neuen Augen zu sehen.

5.2. Bildung als Weg zur Selbstverbesserung:

Bildung ist der Weg, der uns zu unserem besten Selbst führt. Sie ist das Sprungbrett, das uns zu neuen Horizonten führt und der Motor unseres persönlichen Wachstums. Es ist nicht nur der Schlüssel zu unserem persönlichen Wachstum, sondern auch zu unserer gesellschaftlichen Integration und unserem Beitrag zur Welt.

Die Motivation zum Lernen bringt uns zum Kern der Selbstverbesserung. Mit jedem Konzept, das wir lernen, jeder Fähigkeit, die wir erwerben, jeder Erfahrung, die wir sammeln, entwickeln wir nicht nur unser Verständnis der Welt, sondern auch unser Selbstbild. Wir entdecken mehr über unsere Fähigkeiten und Interessen, erfahren, was uns motiviert und was uns herausfordert, indem wir uns ständig weiterbilden, treten wir in einen ständigen Dialog mit uns selbst, in dem wir unsere Identität und unseren Platz in der Welt ständig neu gestalten und definieren.

Bildung öffnet die Tür zu einer tieferen Selbstreflexion. Sie stärkt unser Selbstvertrauen und hilft uns, Entscheidungen zu treffen. Sie fordert uns auf, unsere Stärken zu erkennen, unsere Schwächen zu identifizieren und Maßnahmen zu ergreifen, um diese zu überwinden. Durch Bildung lernen wir, mit Rückschlägen umzugehen, Resilienz aufzubauen und uns selbst zu motivieren. Durch kontinuierliches Lernen und Selbstfindung wachsen wir nicht nur als Individuen, sondern auch als Mitglieder der Gesellschaft.

Darüber hinaus fördert Bildung unsere sozialen Kompetenzen. Sie lehrt uns empathisches Zuhören, konstruktive Kritik und effektive Kommunikation. Sie ermöglicht es uns, einen positiven Beitrag zu leisten und aktiv an der

Gesellschaft teilzuhaben. Sie gibt uns die Mittel an die Hand, die wir benötigen, um in allen Facetten unseres Lebens erfolgreich zu sein, sei es kulturell, beruflich oder sozial.

Und doch ist Bildung kein linearer Prozess, der mit einem bestimmten Alter oder einem bestimmten Abschluss endet. Sie ist eine lebenslange Reise, die es uns ermöglicht, kontinuierlich neues Wissen und Fähigkeiten zu erwerben, um unsere Perspektiven und Horizonte zu erweitern. Selbstverbesserung durch Bildung ist ein ständiger Zyklus des Lernens, der Anpassung, des Reifens und der Wiederholung.

Nutzen Sie jede Gelegenheit, sich weiterzubilden. Ganz gleich, ob Sie ein Buch lesen, einen neuen Kurs belegen, ein neues Hobby ausprobieren oder eine ausführliche Diskussion führen – jede Bildungsmöglichkeit ist ein Schritt auf dem Weg zur persönlichen Weiterentwicklung. Die Bildungswelt ist wie ein endloses Universum voller Sterne, die darauf warten, von Ihnen erkundet zu werden. Lassen Sie sich von Ihrem unstillbaren Wissensdurst leiten und streben Sie stets danach, Ihr Bestes zu geben.

5.3. Perfektion ist ein endloser Weg:

Die Perfektion ist eine Illusion, ein Bild, das sich bei näherer Betrachtung auflöst. Stellen Sie sich vor, Sie stehen vor einem Spiegel und streben nach Perfektion. Was siehst du tatsächlich? Nicht das Ende einer Reise, sondern den Beginn eines unendlichen Pfades.

Was passiert, wenn Perfektion kein endgültiges Ziel, sondern eine ständige Anstrengung ist? Eine unaufhörliche Fortsetzung, kein Ende, sondern ein endloser Anfang. Ein unerschütterlicher Wunsch, immer besser zu werden, mehr zu lernen und neue Herausforderungen zu überwinden.

Wenn man dieser Vorstellung folgt, ist Perfektion nicht mehr eine Bürde, die man zu tragen hat, sondern eine Freiheit. Sie erlaubt uns, den Fokus auf den Weg zu legen und befreit uns vom Zwang, immer fehlerfrei zu sein. Wir lernen aus Fehlern und Erfolge zu schätzen. Perfektion ist nicht ein fertiges Gemälde, sondern eine unendliche Leinwand, auf der wir immer weitermalen können.

Ja, Fehler kommen dabei auch vor, und das ist gut so. Unsere Lehrer und Mentoren sind Fehler, die uns zeigen, wo wir uns noch verbessern können. Sie sind unsere Freunde auf dem Weg zur Perfektion und keine Feinde, die es zu besiegen gilt. Sie sind Zeichen dafür, dass wir noch nicht am Ende unseres Wegs sind, sondern dass wir weitergehen können.

Ebenso wichtig ist es, sich daran zu erinnern, dass der Weg zur Perfektion niemals auf Kosten unserer Gesundheit oder unseres Glückes geht. Sie sollte niemals Stress oder Angst auslösen, sondern stattdessen Freude und Erfüllung bringen. Sie sollte uns motivieren, unseren Horizont zu erweitern und neue Fähigkeiten zu erlernen, anstatt uns zu belasten und zu entmutigen.

Daher ist Perfektion eine endlose Reise, ein Prozess, der niemals endet. Es geht darum, sich ständig neue Ziele zu setzen und zu erreichen, sich ständig zu verbessern und zu wachsen und dabei die Reise zu genießen. Denken Sie immer daran, dass der Weg zur Perfektion kein gerader und einfacher Weg ist, sondern ein Weg voller Höhen und Tiefen, Herausforderungen und Erfolg. Es ist diese Reise, die uns formt, stärkt und uns letztendlich zur besten Version von uns selbst macht.

5.4. Flexibilität durch Wissen:

Stellen Sie sich vor, Sie befinden sich in einem Raum mit vielen Türen. Jede Tür birgt ein neues Abenteuer, eine neue Herausforderung, eine neue Gelegenheit zum Lernen und Wachsen. Ihr Wissen ist der Schlüssel, der jede dieser Türen öffnet. Jedes Mal, wenn Sie etwas Neues lernen, öffnen Sie eine Tür und betreten eine unbekannte Welt, bereit, die dort verborgenen Schätze zu entdecken.

Aber warum brauchen wir Flexibilität? Denn nicht alle Türen führen in die gleiche Richtung. Manche führen nach oben, manche gehen nach unten, manche nach links oder rechts. Wir müssen uns anpassen, die Richtung ändern, hin und her drehen, um unseren Weg zu finden. Das ist Flexibilität: die Fähigkeit, auf Veränderungen zu reagieren und sich anzupassen, ohne das Ziel aus den Augen zu verlieren.

Sie fragen sich vielleicht, was Flexibilität und Wissen miteinander zu tun haben? Je mehr wir wissen, desto mehr Türen können wir öffnen. Je flexibler wir sind, desto besser können wir uns an die unterschiedlichen Wege hinter diesen Türen anpassen. Und je mehr Türen und Wege wir erkunden, desto mehr lernen wir, erweitern unser Wissen und werden noch flexibler.

Und darin liegt der wahre Wert von Wissen und Flexibilität: Sie ermöglicht es uns, uns in der Welt zurechtzufinden, zu wachsen und zu gedeihen, ganz gleich, was das Leben uns entgegenwirft. Sie ermöglicht es uns, Hindernisse zu überwinden, neue Möglichkeiten zu entdecken und unsere Ziele zu erreichen.

Wissen und Flexibilität sind also zwei Seiten derselben Medaille. Sie ergänzen und verstärken sich gegenseitig und ermöglichen es uns, das volle Potenzial des Lebens auszuschöpfen. Sie geben uns die Freiheit, unseren eigenen Weg zu wählen, anstatt den vorgegebenen zu folgen. Und genau das ist das Merkmal eines unstillbaren Wissensdurstes: Es geht darum, neue Wege zu entdecken, Hindernisse zu überwinden und ständig nach Verbesserung und Wachstum zu streben. Denn nur durch Lernen und Anpassung können wir uns wirklich verbessern und übertreffen.

5.5. Wissen als Quelle der Inspiration:

Wissen erweitert unseren intellektuellen Horizont, öffnet uns für neue Ideen und Perspektiven und ermöglicht es uns, die Dinge aus einer breiteren, tieferen und differenzierteren Perspektive zu betrachten. Jede neue Information, jede neue Idee, jede neue Fähigkeit ist ein neuer Pinselstrich auf der Leinwand unseres Geistes, die unser Verständnis der Welt und unserer Rolle darin erweitert und perfektioniert.

Dieses erweiterte Verständnis der Welt um uns herum und unserer Fähigkeiten kann eine starke Inspirationsquelle sein. Es kann uns helfen, neue Weg zur Verwirklichung unserer Träume zu entdecken, neue Lösungen für alte Probleme zu finden und neue Ziele zu setzen, die uns inspirieren und motivieren. Es kann uns dazu inspirieren, unsere Komfortzone zu verlassen, mutige Entscheidungen zu treffen und neue Herausforderungen anzunehmen.

Wissen kann auch eine Quelle tiefer und emotionaler Inspiration sein. Geschichten von Menschen, die harte Dinge gelernt haben, Menschen, die mit ihrem Wissen und Können Großes erreicht haben oder die ihr Wissen genutzt haben, um anderen zu helfen und die Welt zu einem besseren Ort zu machen, können uns zutiefst bewegen und dazu motivieren, das Beste aus uns selbst herauszuholen und zu erreichen, was wir für möglich halten.

Schauen wir uns in diesem Zusammenhang die Geschichte einer bemerkenswerten Persönlichkeit an, die für ihren unstillbaren Wissensdurst bekannt ist. Elon Musk, Milliardär und Technologie-Unternehmer, ist der Gründer und CEO von Unternehmen wie SpaceX, Tesla, Neuralink und der The Boring Company.

Schon in jungen Jahren zeigte Musk eine außergewöhnliche Neugier und Leidenschaft für Wissenschaft und Technologie. Er liest unermüdlich Bücher zu den unterschiedlichsten Themen und hat den Wunsch, das Wissen der Menschheit zu erweitern.

Ein bemerkenswertes Beispiel für Musks Wissensdurst ist seine Beteiligung an der Gründung von SpaceX. Als ihm klar wurde, dass die Kosten für den Weltraumtransport zu hoch waren, begann er intensiv über Weltraumtechnologie nachzudenken. Er vertiefte sich in wissenschaftliche Grundlagen und studierte die Funktionsweise von Raketen, Antriebssystemen und Raumfahrttechnologien.

Obwohl er kein Experte auf diesem Gebiet war, ließ sich Musk nicht entmutigen. Er gründete SpaceX mit dem Ziel, kostengünstige Raketen zu entwickeln und den Zugang zum Weltraum zu revolutionieren. Die Reise von SpaceX war alles andere als einfach, und Musk musste sich vielen Hindernissen und Herausforderungen stellen. Doch der unstillbare Wissensdurst und der Wunsch, sich tief in neue Themen einzuarbeiten, haben dazu geführt, dass SpaceX heute als eines der führenden Raumfahrtunternehmen der Welt gilt.

Musk ist auch für sein Engagement in den Bereichen erneuerbare Energien und Elektromobilität bekannt, was sich in seiner Arbeit bei Tesla widerspiegelt. Seine Leidenschaft für Innovation und sein unermüdlicher Wissensdurst haben dazu beigetragen, die Art und Weise, wie wir Technologie und Wissenschaft verstehen, zu verändern.

Die Geschichte von Elon Musk zeigt uns, dass ein unstillbarer Wissensdurst der Schlüssel sein kann, um Innovationen voranzutreiben und sinnvolle Veränderungen in der Welt herbeizuführen. Sein Beispiel ermutigt uns, neugierig zu bleiben und nach neuen Wegen zu suchen, um unser Verständnis der Welt zu vertiefen und unsere Ziele zu erreichen.

Insgesamt ist der unerschütterliche Wunsch nach Wissen ein starker Katalysator für persönliches und berufliches Wachstum. Wir wachsen mit neuem Wissen, das wir erwerben, und entwickeln uns weiter, um uns an sich ändernde Umstände anzupassen. Unser Wissensdurst führt uns wie ein leuchtender Stern durch die Dunkelheit, genauso wie die Beharrlichkeit uns stahlhart auf unserem Weg zum Erfolg begleitet.

Learnings:

> **Ewige Lernreise:** Das Lernen endet nie. Es ist eine ewige Reise der Entdeckung und Erneuerung, die uns hilft, uns an sich ändernde Umstände anzupassen und uns ständig zu verbessern.

> **Bildung als Selbstverbesserung:** Bildung ist ein mächtiges Werkzeug zur Selbstverbesserung. Sie erweitert unseren Horizont, macht uns offener für neue Ideen und ermöglicht es uns, bessere Entscheidungen zu treffen.

> **Perfektion als Ziel:** Das Streben nach Perfektion, obwohl es ein unerreichbares Ziel ist, kann uns antreiben, ständig nach Verbesserung zu streben und dadurch unseren Wissensdurst zu stillen.

> **Flexibilität durch Wissen:** Je mehr Wissen wir anhäufen, desto flexibler werden wir. Es ermöglicht uns, uns leichter an Veränderungen anzupassen und innovative Lösungen für neue Herausforderungen zu finden.

> **Inspiration durch Wissen:** Wissen kann eine unerschöpfliche Quelle der Inspiration sein. Es erweitert unsere Perspektive, fördert Kreativität und kann uns helfen, neue und aufregende Wege zu entdecken, um unsere Ziele zu erreichen.

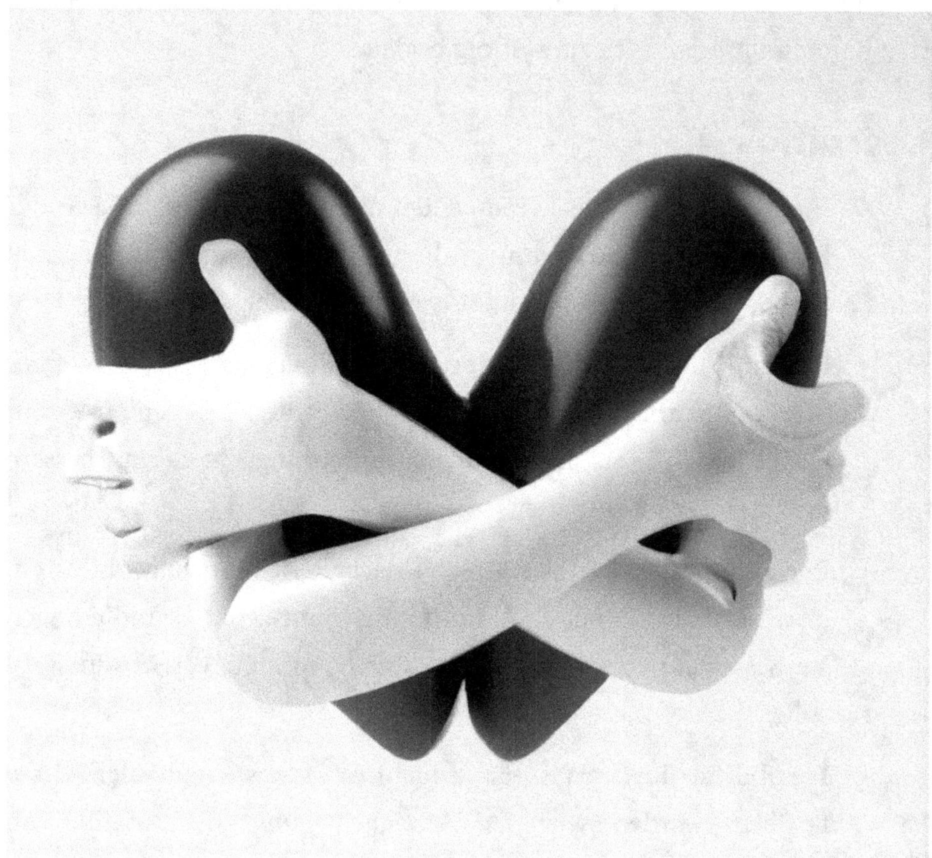

KAPITEL 6

SELBSTLIEBE, KEIN EGOTRIP

"Selbstliebe ist der Schlüssel zu einem erfüllten Leben. Wenn du dich selbst liebst, strahlst du das auch auf andere aus."

~ KAREN SALMANSOHN

Selbstliebe ist ein wesentlicher Bestandteil eines glücklichen und erfüllten Lebens. Aber sie wird häufig falsch verstanden und mit Egoismus verwechselt. In diesem Kapitel wollen wir uns mit dem Konzept der Selbstliebe auseinandersetzen und herausfinden, wie sie uns dabei helfen kann, eine gute Beziehung zu anderen und zu uns selbst aufzubauen.

Nachdem wir in den vorherigen Kapiteln den Wissensdurst als treibende Kraft für persönliches Wachstum und die Entwicklung von Beharrlichkeit untersucht haben, lenken wir nun unseren Fokus auf die Selbstliebe als Grundlage für ein erfülltes und authentisches Leben. Denn bevor wir anderen Menschen Liebe und Akzeptanz geben können, müssen wir zuerst lernen, uns selbst zu lieben und anzunehmen.

Selbstliebe ist wichtig, um ein glückliches und erfülltes Leben zu führen. Sie umfasst eine gesunde und positive Beziehung zu sich selbst und geht über egozentrisches Verhalten hinaus. Das Ziel der folgenden Ausführungen ist es, die Bedeutung der Selbstliebe zu untersuchen und fünf zentrale Punkte zu identifizieren, die uns dabei helfen können, diese wertvolle Eigenschaft zu entwickeln.

6.1. Selbstakzeptanz

Ein wesentlicher Aspekt der Selbstliebe ist die Selbstakzeptanz. Es geht darum, sich selbst bedingungslos und mit all seinen Stärken und Schwächen zu akzeptieren. Dazu gehört das Eingeständnis, dass wir nicht perfekt sind, und das ist in Ordnung. Indem wir uns selbst akzeptieren, können wir inneren Frieden und uns von Selbstzweifeln und negativen Gedanken befreien.

6.2. Selbstfürsorge

Selbstfürsorge bedeutet auch, sich um unser körperliches, geistiges und emotionales Wohlergehen zu kümmern. Es geht darum, Zeit für sich selbst und die eigenen Bedürfnisse zu nehmen. Dies kann bedeuten, dass Sie sich gesunde Gewohnheiten aneignen, z.B. ausreichend schlafen, sich ausgewogen ernähren und regelmäßig Sport treiben. Es bedeutet auch, sich zu entspannen und etwas Gutes für sich selbst zu tun.

6.3. Selbstmitgefühl

Selbstmitgefühl ist ein wichtiger Aspekt der Selbstliebe. Es bedeutet, sich selbst mit Liebe und Verständnis zu behandeln, insbesondere wenn man schwach oder scheitert. Mitfühlend mit uns selbst zu sein, kann unsere inneren Kritiker zum Schweigen bringen und uns erlauben, menschlich zu sein. Selbstmitgefühl ermöglicht es uns, uns selbst zu vergeben, aus unseren Fehlern zu lernen und zu wachsen.

6.4. Selbstwertgefühl

Selbstliebe stärkt das Selbstwertgefühl, das Vertrauen in unsere eigenen Fähigkeiten und unseren Wert als Person. Es geht darum, sich selbst anzuerkennen und an uns zu glauben. Ein gesundes Selbstwertgefühl ermöglicht es uns, Herausforderungen anzunehmen, Ziele zu verfolgen und unser volles Potenzial auszuschöpfen. Es ist die Grundlage für Selbstsicherheit und Selbstvertrauen.

6.5. Grenzen setzen

Zur Selbstliebe gehört auch die Fähigkeit, Grenzen zu setzen und die eigenen Bedürfnisse und Grenzen zu respektieren. Indem wir klare Grenzen setzen, schützen wir uns vor Stress, Ausbeutung und negativen Einflüssen. Es ist wichtig „Nein" sagen zu können und eigene Prioritäten zu setzen. Indem wir Grenzen setzen, können wir uns schützen und unsere Energie auf das konzentrieren, was uns wirklich wichtig ist.

Die Entwicklung von Selbstliebe ist ein fortlaufender Prozess, der Zeit und Mühe erfordert. Dennoch ist es eine lohnende Investition, denn sie führt uns zu einem glücklicheren und erfüllteren Leben. Indem wir uns selbst lieben, können wir auch besser in der Lage sein, Liebe und Wertschätzung für andere zu empfinden. Selbstliebe ist keine egoistische Tugend, sondern ein Akt der Selbstachtung, der uns dabei hilft, unser bestes Selbst zu sein.

Eine inspirierende Geschichte einer Persönlichkeit des öffentlichen Lebens, die die Kraft der Selbstliebe für sich entdeckte, ist die von Demi Lovato. Die amerikanische Sängerin, Schauspielerin und Musikerin hatte offen über ihre persönlichen Probleme mit psychischer Gesundheit, Essstörungen und Sucht gesprochen.

Demi Lovato hatte eine schwere Zeit durchgemacht, in der sie sich selbstwertlos fühlte und mit inneren Dämonen kämpfte. Nach einer Rehabilitationsbehandlung begann sie ihre Reise der Heilung und Selbstfindung. Sie erkannte, dass Selbstliebe der grundlegende Schlüssel zu ihrer Heilung war.

Sie begann, sich bewusst auf ihre eigene Gesundheit und ihr Wohlbefinden zu konzentrieren. Sie setzte sich intensiv mit ihren eigenen Gedanken und Gefühlen auseinander und lernte, sich selbst, einschließlich ihrer Fehler und Schwächen, zu akzeptieren. Sie entwickelte eine positive Beziehung zu sich selbst und begann, mit Mitgefühl und Geduld mit sich selbst umzugehen.

Demi Lovato nutzte ihre Plattform, um offen über ihre Erfahrungen zu sprechen und andere zu ermutigen, sich um ihre eigene psychische Gesundheit und ihr Selbstwertgefühl zu kümmern. Sie betonte immer die Bedeutung der Selbstakzeptanz und ermutigte auch ihre Fans, sich selbst zu lieben und sich nicht von negativen Gedanken oder Erwartungen von außen beeinflussen zu lassen.

Ihre Reise zur Selbstliebe hat nicht nur dazu beigetragen, ihre persönlichen Wunden zu heilen, sondern auch anderen Menschen auf der ganzen Welt zu helfen. Demi Lovatos Geschichte zeigt uns, wie wichtig es ist, sich selbst zu lieben und anzunehmen, und wie diese Liebe uns dazu befähigen kann, uns von unseren inneren Kämpfen zu befreien und ein erfüllteres Leben zu führen.

Learnings:

➢ **Selbstakzeptanz:** Lerne, dich selbst anzunehmen und zu lieben, inklusive deiner Stärken und Schwächen. Akzeptiere dich so, wie du bist und höre auf, dich ständig mit anderen zu vergleichen.

➢ **Selbstfürsorge:** Kümmere dich um deine Bedürfnisse und achte auf dein körperliches, emotionales und geistiges Wohlbefinden. Setze klare Grenzen und nimm dir bewusst Zeit für Selbstpflege und Regeneration.

➢ **Selbstmitgefühl:** Sei freundlich und mitfühlend zu dir selbst, auch wenn du Fehler machst oder in schwierigen Situationen steckst. Behandle dich mit derselben Güte und Verständnis, die du anderen entgegenbringst.

➢ **Selbstwertgefühl:** Erkenne deinen eigenen Wert und deine Einzigartigkeit an. Lass dein Selbstwertgefühl nicht von äußeren Umständen oder der Meinung anderer abhängen. Baue ein gesundes Selbstwertgefühl auf, das aus dir selbst heraus entsteht.

➢ **Selbstentwicklung:** Strebe nach persönlichem Wachstum und kontinuierlicher Weiterentwicklung. Setze dir realistische Ziele, lerne aus Herausforderungen und nutze Feedback als Chance zur Verbesserung. Sei offen für neue Erfahrungen und entdecke neue Facetten deiner Persönlichkeit.

KAPITEL 7

DANKBARKEIT, DER SCHLÜSSEL ZUR FÜLLE

"Dankbarkeit ist nicht nur die größte aller Tugenden, sondern die Mutter aller anderen."

~ MARCUS TULLIUS CICERO

Nachdem wir in den vorherigen Ausführungen die Themen Selbstliebe, Selbstfürsorge und Selbstwertgefühl behandelt haben, widmen wir uns nun der Dankbarkeit, einem weiteren wichtigen Aspekt des persönlichen Wachstums. Dankbarkeit ist eine wertvolle Einstellung, die uns hilft, die Vielfalt in unserem Leben zu erkennen und zu schätzen. In diesem Abschnitt gehen wir auf die Bedeutung der Dankbarkeit ein und zeigen, wie sie unser Leben verbessern kann.

7.1. Die Kraft der Dankbarkeit

Dankbarkeit ist eine wunderbare mentale und emotionale Einstellung, die einen tiefgreifenden Einfluss auf uns Glück und unsere Lebensqualität haben kann. Es ist ein kraftvolles Werkzeug, das uns hilft, die guten Dinge im Leben bewusst wahrzunehmen und zu schätzen. Im weiteren Verlauf werden wir uns eingehend mit der Kraft der Dankbarkeit beschäftigen und ihre Bedeutung für unser persönliches Glück und unsere psychische Gesundheit erkunden.

Dankbarkeit ist nicht nur ein oberflächliches „Dankeschön" oder eine höfliche Geste. Es ist eine innere Einstellung, die es uns ermöglicht, die positiven und wertvollen Dinge in unserem Leben zu erkennen und zu schätzen, seien es große Erfolge oder kleine Freuden. Indem wir dankbar sind, öffnen wir unser Herz und unseren Geist für die Fülle und den Reichtum um uns herum.

Dankbarkeit ist ein wertvolles Werkzeug, das uns dabei hilft, das Gute in unserem Leben wahrzunehmen und zu schätzen. Wenn wir dankbar sind, konzentrieren wir uns auf das, was wir bereits haben, anstatt auf das, was uns fehlt. Dies führt zu einer positiven Denkweise und einem tiefen Gefühl des inneren Glücks.

Studien zeigen, dass Dankbarkeit viele Vorteile für unser Leben hat. Menschen, die regelmäßig Dankbarkeit praktizieren, fühlen sich glücklicher, zufriedener und glücklicher. Sie haben eine positive Einstellung zum Leben und sind besser darin, mit Schwierigkeiten umzugehen. Dankbare Menschen sind widerstandsfähiger und können mit Stress besser umgehen.

Dankbarkeit wirkt sich auch positiv auf unsere Beziehungen aus. Indem wir anderen unsere Dankbarkeit zum Ausdruck bringen und ihnen unsere Wertschätzung zeigen, stärken wir Beziehungen und schaffen eine Atmosphäre der Verbundenheit. Dankbarkeit fördert Gefühle der Großzügigkeit und des Mitgefühls und kann dazu beitragen, Konflikte zu reduzieren und die Kommunikation zu verbessern. Indem wir Dankbarkeit teilen, können wir positive Veränderungen herbeiführen und ein Klima des gegenseitigen Respekts und der Liebe schaffen.

Die Praxis der Dankbarkeit kann auf viele Arten in unser tägliches Leben integriert werden. Eine Lösung besteht darin, ein Dankbarkeitstagebuch zu führen, in dem wir regelmäßig aufschreiben, wofür wir dankbar sind. Das bewusste Festhalten und Reflektieren von dankbaren Momenten kann uns dabei helfen, das Positive in unserem Leben zu erkennen und dankbarer zu werden. Das bewusste Erleben von Momenten der Dankbarkeit im Alltag, sei es ein wunderschöner Sonnenuntergang, ein warmes Lächeln oder eine hilfreiche Geste, kann uns daran erinnern, wie viel Gutes es um uns herumgibt.

Die transformative Kraft der Dankbarkeit verändert auch unsere Perspektive. Sie hilft uns, das Gute in unserem Leben zu betonen und das Negative zu ignorieren. Indem wir uns selbst gegenüber dankbar sind, erkennen wir unsere eigenen Stärken, Erfolge und Fortschritte an. Es fördert eine gesunde Selbstakzeptanz und ermöglicht es uns, Liebe und Wertschätzung zu erfahren. Dankbarkeit gegenüber uns selbst steigert unser Selbstwertgefühl und kann uns helfen, unsere inneren Ressourcen zu erkennen und zu nutzen.

In einer Welt voller Negativität und Stress bietet die Praxis der Dankbarkeit einen wertvollen Gegenpol. Dankbarkeit ist eine Einstellung, die wir bewusst entwickeln können. Je mehr wir uns damit beschäftigen und sie in unseren Alltag einbeziehen, desto mehr wird sie für uns natürlicher. Dankbarkeit ermöglicht es uns, unsere Herzen für das Geschenk des Lebens zu öffnen und die Schönheit und den Reichtum, die uns umgeben, zu erkennen.

Insgesamt ist die Kraft der Dankbarkeit ein unschätzbares Werkzeug für unser persönliches Glück und unsere geistige Gesundheit. Indem wir uns täglich daran erinnern, dankbar zu sein und diese Einstellung pflegen, können wir unsere Lebensqualität verbessern und tiefere Verbindungen zu uns selbst und zu anderen erfahren. Dankbarkeit ist der Schlüssel zur Fülle, die uns zu einem erfüllten und sinnvollen Leben führen kann.

7.2. Die positiven Auswirkungen der Dankbarkeit

Dankbarkeit ist eine wertvolle Eigenschaft, die uns helfen kann, ein erfülltes und glückliches Leben zu führen. Sie ermöglicht es uns, uns bewusst auf die positiven Dinge im Leben zu konzentrieren und die Schönheit und den Reichtum um uns herum zu spüren. Indem wir uns auf das konzentrieren, wofür wir dankbar sind, können wir tiefe Zufriedenheit und innere Wertschätzung entwickeln. Die Kraft der Dankbarkeit manifestiert sind in vielen verschiedenen Bereichen unseres Lebens und hat nachweislich einen positiven Einfluss auf unser Glück und unsere Beziehungen.

Eine in diesem Zusammenhang häufig zitierte Studie ist eine Studie von Robert A. Emmons und Michael E. Mc Cullough aus dem Jahr 2003, die im „Journal of Personality and Social Psychology" veröffentlicht wurde. Diese Studie ergab, dass das Führen eines Dankbarkeitstagebuchs, in dem Menschen regelmäßig die Dinge aufschreiben, für die sie dankbar waren, zu einer Steigerung des allgemeinen Glücks und der Lebenszufriedenheit führte.

Die Fähigkeit, unser allgemeines Wohlbefinden zu verbessern, ist eine der wertvollsten Auswirkungen der Dankbarkeit. Wir schulen unsere Aufmerksamkeit auf die positiven Aspekte, indem wir uns darauf konzentrieren, was uns in unserem Leben erfreut und erfüllt. Dadurch ändern wir unsere Sichtweise und lernen, uns auf das Gute zu konzentrieren, anstatt von negativen Gedanken und Ängsten überwältigt zu werden. Diese positive Einstellung hat einen direkten Einfluss auf unser emotionales Wohlbefinden und kann zu höherem Glücksempfinden, höherer Zufriedenheit und einem allgemein positiveren Lebensgefühl führen.

Darüber hinaus hat Dankbarkeit einen positiven Einfluss auf unsere zwischenmenschlichen Beziehungen. Wir schaffen eine Atmosphäre der Wertschätzung und des Respekts, wenn wir unsere Dankbarkeit gegenüber anderen Menschen zum Ausdruck bringen. Wir stärken die Bindung und das Vertrauen zwischen uns, indem wir ihnen zeigen, dass wir ihre Unterstützung und ihr Engagement schätzen. Dankbarkeit fördert eine offene und positive Kommunikation, was den Grundstein für tiefe und erfüllende Beziehungen legt.

Die positive Wirkung der Dankbarkeit auf unsere psychische Gesundheit ist ein weiterer bemerkenswerter Aspekt. Weitere Studien (beispielsweise Wood et al. 2010 & Kini et al. (2016) zeigen, dass Menschen, die sich regelmäßig in Dankbarkeit üben, weniger anfällig für Stress, Depressionen und Angst sind. Wir stärken unsere Resilienz und werden besser in der Lage sein, mit Herausforderungen umzugehen, indem wir uns bewusst auf die positiven Aspekte unseres Lebens konzentrieren. Dankbarkeit hilft uns, negative Emotionen zu verringern, positive Emotionen zu fördern und unsere psychische Widerstandsfähigkeit zu stärken.

Darüber hinaus kann Dankbarkeit physische Folgen haben. Es wurde festgestellt, dass Menschen, die sich regelmäßig in Dankbarkeit üben, einen besseren Schlaf, ein stärkeres Immunsystem und eine bessere allgemeine Gesundheit haben. Indem wir unsere Dankbarkeit zum Ausdruck bringen, fördern wir eine positive innere Energie und ein Gefühl des Wohlbefindens, was sich auch auf unseren körperlichen Zustand auswirken kann.

Dankbarkeit kann nicht nur individuelle Auswirkungen haben, sondern auch eine positive Auswirkung auf die Gesellschaft. Wir schaffen eine Kultur der Wertschätzung und des gegenseitigen Respekts, indem wir unsere Dankbarkeit teilen und andere ermutigen, dies zu tun. Dankbare Menschen sind eher bereit, anderen zu helfen und positive Veränderungen in ihrem Umfeld voranzutreiben. Auf diese Weise kann Dankbarkeit zu einer positiven Kettenreaktion führen und dazu beitragen, eine liebevollere und aufrichtigere Gemeinschaft aufzubauen.

Die Kraft der Dankbarkeit ist ein Geschenk, das wir in unserem Leben nutzen können. Indem wir uns bewusst Zeit nehmen, über die Dinge nachzudenken, für die wir dankbar sind, können wir eine positive Lebenseinstellung kultivieren und die Fülle und Schönheit um uns herum wahrnehmen. Dankbarkeit zu üben erfordert Übung und Achtsamkeit, aber die positiven Auswirkungen auf unser Glück und unsere Beziehungen sind es wert. Lasst uns also oft unsere Dankbarkeit zum Ausdruck bringen und die Kraft der Dankbarkeit in unserem Leben freisetzen.

7.3. Dankbarkeit im Alltag

Inmitten des hektischen Alltags verpassen wir häufig die kleinen Freuden, die uns umgeben. Gerade diese unscheinbaren Momente der Freude haben das Potenzial, eine enorme Kraft zu entfalten und uns mit tief empfundener Dankbarkeit zu erfüllen. Wir können ein erfülltes und dankbares Leben führen, indem wir uns bewusst auf diese kleinen Momente einlassen und ihnen unsere volle Aufmerksamkeit schenken.

Oft sind es die kleinen Dinge, die uns im täglichen Leben zufrieden machen. Ein wärmender Sonnenstrahl auf unserer Haut, das fröhliche Lachen eines geliebten Menschen, der Geruch von frisch gebackenem Brot oder ein Moment der Ruhe und Stille am Ende eines anstrengenden Tages. Wir können diese wertvollen Momente bewusst erleben und in ihnen eine Quelle der Dankbarkeit finden, wenn wir unsere Sinne öffnen und achtsam durch den Tag gehen.

Dankbarkeit im täglichen Leben beinhaltet auch das Ausdrücken unserer Dankbarkeit gegenüber anderen. Wir schaffen eine Atmosphäre der

Verbundenheit und des gegenseitigen Respekts, wenn wir unseren Lieben, Freunden, Kollegen und sogar Unbekannten unsere Wertschätzung zeigen. Ein aufrichtiges Kompliment, eine herzliche Geste oder ein einfaches „Danke" können nicht nur die Stimmung aufhellen, sondern auch unsere Beziehungen stärken.

Es ist von Bedeutung, im täglichen Leben Dankbarkeit zu üben, insbesondere in schwierigen Situationen. Inmitten von Problemen mag es schwierig sein, dankbar zu sein, aber gerade in diesen Momenten können wir unsere Dankbarkeit als Quelle der Kraft und des Wachstums nutzen. Wir können dankbar sein für die Gelegenheit, uns weiterzuentwickeln und zu wachsen, sowie für die Lektionen, die wir aus schwierigen Erfahrungen lernen. Wir stärken unsere Dankbarkeit und eröffnen uns neue Wege, wenn wir eine positive Perspektive bewahren und unsere Herausforderungen als Möglichkeiten zur persönlichen Entwicklung betrachten.

Nicht zuletzt haben wir die Möglichkeit, unsere Dankbarkeit im täglichen Leben auszudrücken. Indem wir anderen Dankbarkeit zeigen und ihnen Dankbarkeit aussprechen, ermutigen wir sie nicht nur, sondern auch andere dazu, Dankbarkeit in ihrem eigenen Leben zu kultivieren. Wenn wir Gutes tun und anderen helfen, tragen wir zur Fülle und zum Wohlbefinden in unserer Welt bei.

Eine bewusste Entscheidung, Dankbarkeit im Alltag zu leben, ist eine, die wir treffen können, um unsere Lebensqualität zu verbessern und unsere Wertschätzung für die kleinen Momente im Leben zu stärken. Wir öffnen uns für eine Welt der Fülle und des Wohlbefindens, indem wir achtsam sind, ein Dankbarkeitstagebuch führen, unsere Dankbarkeit ausdrücken und selbst in schwierigen Zeiten eine Perspektive der Dankbarkeit einnehmen. Wir können die Kraft der kleinen Momente nutzen, um unsere Dankbarkeit auszudrücken und ein lebendes, dankbares Leben zu führen.

7.4. Dankbarkeit und Selbstliebe

Dankbarkeit und Selbstliebe hängen eng zusammen und können sich gegenseitig verstärken. Indem wir dankbar dafür sind, wer wir sind und was wir haben, stärken wir unser Selbstwertgefühl und schaffen eine positive innere Beziehung zu uns selbst. Gleichzeitig kann uns das Praktizieren von Selbstliebe dankbarer für unsere einzigartige Qualitäten und Fähigkeiten machen.

Dankbarkeit kann uns helfen, unseren individuellen Wert zu erkennen. Indem wir unsere Stärken, Talente und Erfolge erkennen und wertschätzen, entwickeln wir ein gesundes Selbstwertgefühl und ein Gefühl der Selbstachtung. Wir erkennen, dass wir unabhängig von externen Urteilen oder Vergleichen mit anderen wertvoll und liebenswert sind. Dankbarkeit ermöglicht es uns, mit Freundlichkeit und Mitgefühl mit uns selbst umzugehen und gleichzeitig unsere Bedürfnisse und Grenzen zu respektieren.

Darüber hinaus stärkt Dankbarkeit unsere Widerstandskraft und Selbstwirksamkeit. Indem wir uns bewusst auf unsere Ressourcen und Stärken konzentrieren, können wir Herausforderungen besser meistern und uns motivieren. Wir erkennen, dass wir die Macht haben, unser Leben positiv zu verändern, und dass wir auf unsere eigene innere Stärke und Weisheit zählen können. Selbstdankbarkeit steigert das Selbstvertrauen und das Selbstwertgefühl und ermöglicht es uns, uns selbst zu unterstützen und unser volles Potenzial auszuschöpfen.

Selbstliebe und Dankbarkeit gehen Hand in Hand, da sie uns helfen, uns auf das Gute in unserem Leben zu konzentrieren. Wir können besser erkennen, was uns erfreut und erfüllt, und wir sind dankbar für die kleinen Freuden und Erfahrungen, die uns Glück bringen, wenn wir uns selbst lieben. Indem wir unsere Selbstliebe und Dankbarkeit in Einklang bringen, entwickeln wir eine positive und nährende innere Haltung, die uns dabei hilft, uns selbst zu fördern und zu entwickeln.

Indem wir unsere Zweifel und Kritik an uns selbst überwinden, kann die Praxis der Dankbarkeit uns helfen, unsere Selbstliebe zu stärken. Wir lenken unsere Aufmerksamkeit weg von unseren vermeintlichen Schwächen und konzentrieren uns auf unsere Stärken und positiven Eigenschaften, indem wir uns auf das konzentrieren, wofür wir dankbar sind. Wir erkennen, dass wir liebenswert sind, nicht aufgrund unserer vermeintlichen Unvollkommenheiten, sondern aufgrund unserer Vielfalt und Einzigartigkeit.

Die Art und Weise, wie wir uns selbst behandeln, zeigt die Verbindung zwischen Dankbarkeit und Selbstliebe. Wir pflegen eine achtsame und fürsorgliche Beziehung zu unserem Körper, indem wir dankbar für unseren Körper, unsere Gesundheit und unser Wohlbefinden sind. Wir entscheiden uns bewusst für Selbstpflegeaktivitäten, die uns helfen und uns mit Liebe und Anerkennung erfüllen. Die Dankbarkeit für unseren Geist und unsere Fähigkeiten inspiriert uns, uns weiterzubilden und unsere Talente auszuschöpfen. Insgesamt führt die Verbindung von Dankbarkeit und Selbstliebe zu einem ganzheitlichen Wohlbefinden und einer tieferen Verbindung mit uns selbst.

Dankbarkeit und Selbstliebe sind wertvolle Werkzeuge, um unsere innere Stärke und Zufriedenheit zu fördern, in einer Welt, die oft von Selbstkritik und Vergleich geprägt ist. Wir können eine tiefe und liebevolle Beziehung zu uns selbst aufbauen, indem wir uns bewusst auf das Gute in uns selbst konzentrieren und unsere Dankbarkeit zum Ausdruck bringen. Dies ermöglicht es uns, unser volles Potenzial auszuschöpfen, unsere Träume zu verwirklichen und ein glückliches, erfülltes Leben zu führen.

7.5. Dankbarkeit teilen

Dankbarkeit ist nicht nur ein persönliches Gefühl, sie kann eine transformierende Wirkung haben, wenn wir sie teilen. Dankbarkeit zu teilen kann nicht nur uns selbst, sondern auch anderen und der gesamten

Gemeinschaft zugutekommen. Er stärkt unsere zwischenmenschlichen Beziehungen, fördert positive Emotionen und schafft eine Atmosphäre der Anteilnahme und Verbundenheit.

Wenn wir unsere Dankbarkeit teilen, drücken wir unsere Wertschätzung und Anerkennung gegenüber anderen aus. Indem wir ihnen unseren Dank aussprechen, zeigen wir, dass wir ihren Einsatz, ihre Unterstützung oder ihre einfache Anwesenheit wertschätzen. Dankbarkeit auszutauschen kann andere ermutigen und motivieren, wenn sie der Meinung sind, dass ihr Handeln eine positive Wirkung hat und geschätzt wird. Dies erhöht das Vertrauen und die Harmonie in unsere Beziehungen und fördert das Zugehörigkeits- und Einheitsgefühl.

Ein wichtiger Aspekt der Dankbarkeit ist das Loben. Indem wir andere aufrichtig loben und wertschätzen, stärken wir ihr Selbstwertgefühl und geben ihnen das Gefühl, geschätzt zu werden. Ein einfaches „Dankeschön" oder ein aufrichtiges Kompliment kann Ihre Stimmung heben, ein Lächeln hervorrufen und Selbstvertrauen aufbauen. Indem wir Dankbarkeit teilen, können wir positive Begegnungen und glückliche Momente schaffen, sowohl für uns selbst als auch für andere.

Darüber hinaus kann das Teilen von Dankbarkeit auch dazu beitragen, ein Gefühl der Großzügigkeit und des Gebens zu fördern. Wenn wir unsere Dankbarkeit teilen, drücken wir uns anderen gegenüber offen und großzügig aus. Wir sind uns bewusst, dass wir nicht alles allein schaffen können und dass unser Glück und Erfolg von der Unterstützung und Hilfe anderer abhängt. Indem wir unsere Dankbarkeit teilen, ermutigen wir andere, ebenso großzügig zu sein und Ihre eigenen Erfahrungen von Glück und Dankbarkeit zu teilen.

Dankbarkeit zu teilen kann sich auch positiv auf die Gemeinschaft auswirken. Indem wir unsere Dankbarkeit für die uns zur Verfügung stehenden Ressourcen und Möglichkeiten zum Ausdruck bringen, schärfen wir das Bewusstsein für den Wert dieser Ressourcen und ermutigen andere, sie zu schätzen und zu schützen. Das Teilen von Dankbarkeit kann dazu beitragen, eine Kultur der Wertschätzung und des Respekts zu schaffen, in der Menschen dazu ermutigt werden, für das, was sie haben, dankbar zu sein, anstatt ständig nach mehr zu streben.

Schließlich kann sich das Teilen von Dankbarkeit auch positiv auf unser eigenes Glück auswirken. Indem wir unsere Dankbarkeit mit anderen teilen, trainieren wir unseren Geist, uns auf die positiven Dinge im Leben zu konzentrieren. Indem wir uns bewusst auf die Dinge konzentrieren, für die wir dankbar sind, stärken wir das positive Denken und schaffen eine Haltung des Optimismus und der Dankbarkeit. Dankbar zu teilen kann uns helfen, uns auf das Gute zu konzentrieren und negative Gedanken und Emotionen zu reduzieren.

Insgesamt ist das Teilen von Dankbarkeit eine wertvolle Praxis, die uns dabei hilft, positive Beziehungen aufzubauen, unser eigenes Wohlbefinden zu stärken und eine Kultur der Wertschätzung zu fördern. Indem wir unsere Dankbarkeit mit anderen teilen, schaffen wir eine Atmosphäre der Freude und des Zusammenhalts, in der sich jeder Einzelne wertgeschätzt und anerkannt fühlt. Es eröffnet uns die Möglichkeit, positive Veränderungen in unserem persönlichen Leben und der Welt um uns herum herbeizuführen. Indem wir unsere Dankbarkeit miteinander teilen, können wir eine Kette positiver Wirkungen in Gang setzen, die uns alle bereichern und erfüllen.

Eine inspirierende Geschichte einer Persönlichkeit, die ihr Leben veränderte und Dankbarkeit praktizierte, ist die von Oprah Winfrey. Die amerikanische Moderatorin, Medienmogulin und Philanthropin hat eine bemerkenswerte Reise zur persönlichen Transformation durchgemacht.

Oprah Winfrey wuchs in schwierigen Verhältnissen auf erlebte während ihrer Kindheit Armut und Missbrauch. Trotz dieser Herausforderungen gelang es ihr, eine erfolgreiche Karriere in der Medienbranche aufzubauen. Aber selbst nachdem es ihr gelungen war, fühlte sie sich innerlich immer noch leer und unzufrieden.

Ihr Durchbruch gelang ihr, als sie begann, sich auf Dankbarkeit und Selbstreflexion zu konzentrieren. Oprah begann, regelmäßig ein Dankbarkeitstagebuch zu führen und die positiven Dinge in ihrem Leben zu dokumentieren. Diese Praxis half ihr, eine tiefere Wertschätzung für die guten Dinge im Leben zu entwickeln und ihre Perspektive zu ändern.

Im Laufe der Zeit fand Oprah Winfrey nicht nur persönliche Erfüllung, sondern begann auch, ihre Plattform zu nutzen, um Menschen auf der ganzen Welt zu ermutigen, Dankbarkeit zu praktizieren. Sie betont immer die transformierende Kraft der Dankbarkeit und wie sie dazu beitragen kann, eine positive Einstellung zu entwickeln und Schönheit im Alltag zu erkennen.

Oprahs Veränderung des Lebens durch die Praxis der Dankbarkeit spiegelt sich in ihrer Arbeit als Moderatorin, Autorin und Philanthropin wider. Sie hat eine Reihe von Organisationen und Initiativen gegründet, die darauf abzielen, Bedürftigen zu helfen und positive Veränderungen in der Gesellschaft herbeizuführen. Ihre Geschichte zeigt, wie eine einfache Praxis der Dankbarkeit nicht nur das Leben des Einzelnen bereichern, sondern auch andere inspirieren und positive Veränderungen in der Welt bewirken kann.

Dankbarkeit ist ein starkes Werkzeug, das uns hilft, die Schönheit und Fülle in unserem Leben zu erkennen. Wir können unser Wohlbefinden erhöhen und ein erfülltes Leben führen, indem wir uns bewusst der Dankbarkeit öffnen und sie aktiv in unseren Alltag integrieren. Obwohl die Praxis der Dankbarkeit fortlaufende Aufmerksamkeit erfordert, ist sie eine Investition, die sich in vielfacher Hinsicht lohnt.

Learnings:

> **Dankbarkeit öffnet uns die Augen für die Fülle in unserem Leben:** Durch die bewusste Wahrnehmung und Anerkennung dessen, was wir haben, entwickeln wir eine positive Einstellung und schätzen die kleinen Freuden des Alltags.

> **Dankbarkeit stärkt unsere Beziehungen:** Indem wir unsere Dankbarkeit gegenüber anderen Menschen zum Ausdruck bringen, stärken wir die Bindung und schaffen ein Gefühl der Verbundenheit und Wertschätzung.

> **Dankbarkeit fördert positive Emotionen und Wohlbefinden:** Indem wir uns auf das Gute und Positive in unserem Leben konzentrieren, können wir negative Gedanken und Emotionen reduzieren und unser Wohlbefinden steigern.

> **Dankbarkeit ermutigt zu Großzügigkeit und Mitgefühl:** Wenn wir unsere Dankbarkeit teilen, inspirieren wir auch andere, großzügig zu sein und ihre eigenen positiven Erfahrungen zu teilen.

> **Dankbarkeit schafft eine Kultur der Wertschätzung:** Indem wir Dankbarkeit praktizieren und teilen, tragen wir dazu bei, eine positive Atmosphäre zu schaffen, in der Menschen dazu ermutigt werden, für das, was sie haben, dankbar zu sein und die Schönheit des Lebens zu erkennen.

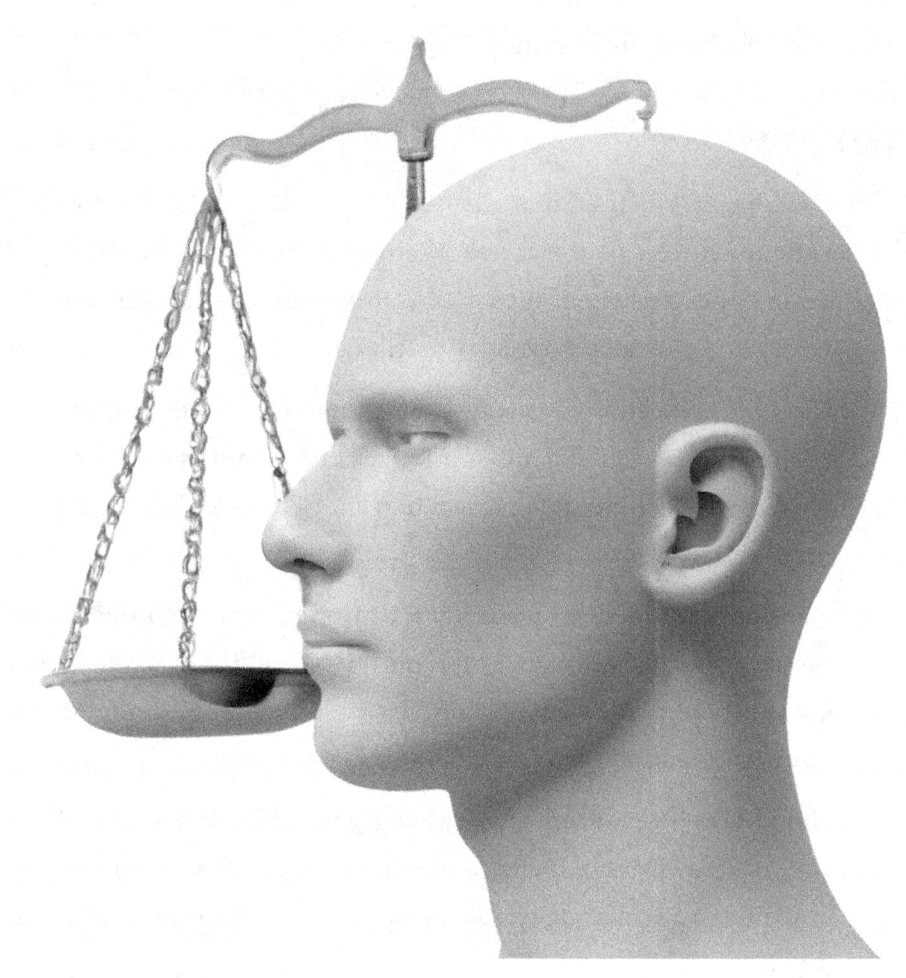

KAPITEL 8

INTEGRITÄT, MEHR ALS NUR EIN WORT

"Integrität ist die Essenz eines wahrhaftigen Lebens - sie definiert unseren Charakter und unseren Wert."

~ UNBEKANNT

ntegrität ist ein wesentlicher Bestandteil eines erfüllten und erfolgreichen Lebens. Es geht darum, ihr Handeln und Ihre Entscheidungen an Ihren Werten und Überzeugungen auszurichten. In diesem Abschnitt werden wir die Bedeutung von Integrität untersuchen und herausfinden, warum es mehr ist als nur ein Begriff.

8.1. Klarheit über persönliche Werte:

Integrität ist ein zentraler Aspekt unserer Persönlichkeit und spielt eine wichtige Rolle für unser Glück und unsere Beziehungen zu anderen. Sie bezieht sich darauf, unser Handeln und unsere Entscheidungen an unseren persönlichen Werten und Überzeugungen auszurichten. Doch um integer zu sein, ist es zunächst wichtig, Klarheit über unsere eigenen Werte zu erlangen.

Unsere Werte sind die tief verwurzelten Überzeugungen, Prinzipien und Ideale, die uns leiten und beeinflussen. Sie repräsentieren, was uns wirklich wichtig ist und wofür wir stehen. Sie leiten uns und dienen als Leitfaden für unser Verhalten und unsere Entscheidungen im Leben.

Die Klarheit der persönlichen Werte ist der erste Schritt auf dem Weg zur Integrität. Sie ermöglicht es uns, unser Handeln bewusst und authentisch auszurichten und im Einklang mit unseren tiefsten Überzeugungen zu handeln. Hier sind einige Schritte, die uns helfen können, unsere persönlichen Werte zu klären:

Selbstreflexion: Nehmen Sie sich Zeit, um sich selbst zu reflektieren und sich zu fragen, was Ihnen wirklich wichtig ist im Leben. Welche Grundsätze sind Ihnen wichtig? Was inspiriert Sie? Was halten Sie für moralisch korrekt? Achten Sie auf Ihre emotionalen Reaktionen und auf das, was Ihnen ein Gefühl von Sinn und Erfüllung gibt.

Innere und äußere Einflüsse: Reflektieren Sie, inwieweit Ihre Werte durch äußere Einflüsse wie soziale Normen, kulturelle Traditionen oder persönliche Erfahrungen geprägt sind. Identifizieren Sie die Werte, die von Ihnen selbst stammen, und solche, die möglicherweise von äußeren Quellen übernommen wurden. Achten Sie darauf, Ihre eigenen Werte zu entdecken und zu stärken.

Wertehierarchie: Kategorisieren und priorisieren Sie Ihre Werte. Überlegen Sie, welche Werte für Sie am wichtigsten und welche weniger wichtig sind. Eine Wertehierarchie kann Ihnen helfen, in Situationen, in denen sich Ihre Werte gegenseitig herausfordern, klare Entscheidungen zu treffen.

Selbstkonfrontation: Stellen Sie sich die Frage, ob Ihre Handlungen und Entscheidungen Ihren Werten entsprechen. Wenn es Diskrepanzen gibt, denken Sie darüber nach, ob Sie Ihre Werte vernachlässigen oder gefährden. Seien Sie bereit, Veränderungen zu akzeptieren, um Ihren Werten zu folgen.

Bewusstsein im Alltag: Integrieren Sie ihre Werte bewusst in den Alltag. Stellen Sie sicher, dass Sie Ihre Werte nicht nur bei großen Entscheidungen, sondern auch bei kleinen Handlungen zum Ausdruck bringen. Machen Sie sich bewusst, wie sich Ihre Werte auf Ihr Verhalten auswirken und bleiben Sie Ihren Wertesystem auch in schwierigen Situationen treu.

Der Prozess, Klarheit über persönliche Werte zu gewinnen, ist ein kontinuierlicher Prozess. Unsere Werte können sich im Laufe der Zeit ändern und weiterentwickeln, daher ist es wichtig, hin und wieder innezuhalten und zu reflektieren. Indem wir uns unserer Werte bewusst werden und entsprechend handeln, können wir eine tiefe Integrität in unserem Leben erreichen und in Harmonie mit dem leben, was wir wirklich sind. Lassen Sie Ihre Werte Ihr Kompass sein und nutzen Sie sie als Leitfaden für ein erfülltes und integres Leben.

8.2. Ehrlichkeit und Authentizität:

Ehrlichkeit und Authentizität sind wesentliche Elemente auf unserem Weg zur Integrität. Sie stellen unsere Fähigkeit dar, unsere Gedanken, Gefühle und Handlungen zu regulieren und ehrlich zu uns selbst und anderen zu sein. Durch Ehrlichkeit und Authentizität können wir unsere Beziehungen stärken, ein stärkeres Selbstvertrauen entwickeln und das Leben mit Integrität in vollen Zügen genießen.

Ehrlichkeit bedeutet, ehrlich und offen zu sein, sowohl zu sich selbst als anderen gegenüber. Es geht darum, die Wahrheit zu sagen und keine Täuschungen oder Lügen zu verbreiten. Ehrlichkeit erfordert Mut, denn es kann manchmal unangenehm sein, sich unbequemen Wahrheiten zu stellen. Sie ist jedoch von grundlegender Bedeutung, um Vertrauen aufzubauen und eine ehrliche Kommunikation zu ermöglichen.

Authentizität hingegen bezieht sich auf die Fähigkeit, man selbst zu sein und sich nicht zu verstellen oder sich den Erwartungen anderer anzupassen. Es geht darum, unsere wahren Gedanken, Gefühle und Werte auszudrücken, anstatt uns hinter einer Maske zu verstecken. Authentizität erfordert Selbstreflexion und Selbstakzeptanz, um die eigene Einzigartigkeit anzuerkennen und sie mutig zum Ausdruck zu bringen.

Warum sind Authentizität und Ehrlichkeit so wichtig für unsere Integrität?

Aufbau von Vertrauen: Ehrlichkeit und Authentizität sind die Grundlage für starke und vertrauenswürdige Beziehungen. Wenn wir ehrlich zu uns selbst und zu anderen sind, schaffen wir eine Atmosphäre des Vertrauens, in der sich Menschen offen und ehrlich äußern können. Es fördert tiefere Verbindungen und gemeinsames Wachstum.

Stärkung des Selbstvertrauens: Ehrlichkeit und Authentizität stärken unser Selbstvertrauen, weil wir uns nicht mehr verstecken oder etwas vortäuschen müssen. Indem wir unsere wahren Gedanken und Gefühle ausdrücken, lernen wir, uns selbst zu akzeptieren und uns gut zu fühlen. Es gibt uns die Kraft, unsere Ziele zu verfolgen und mutige Entscheidungen zu treffen, die mit unserem inneren Selbst in Einklang stehen.

Klarheit in der Kommunikation: Ehrlichkeit und Authentizität fördern eine klare und effektive Kommunikation. Wenn wir uns erlauben, offen und ehrlich zu sein, können wir unsere Bedürfnisse und Erwartungen klar zum Ausdruck bringen. Dadurch entsteht eine gemeinsame Basis des Verständnisses und Missverständnisse können vermieden werden.

Ausrichtung mit unseren Werten: Ehrlichkeit und Authentizität führen zu einer stimmigen Handlungsweise. Wenn wir uns selbst treu bleiben und uns nicht hinter Masken verstecken, handeln wir konsequent nach unseren

Werten und Überzeugungen. Das stärkt unsere Integrität und unser Selbstbild.

Erfüllung und Zufriedenheit: Wenn man ehrlich und authentisch ist, kann man im Leben tiefe Erfüllung und Zufriedenheit finden. Wir erfahren ein Gefühl der inneren Harmonie und des Glücks, wenn wir uns erlauben, wir selbst zu sein und unsere Wahrheit zu leben. Wir können unser volles Potenzial entfalten, weil wir im Einklang mit unserer Umwelt und uns selbst leben.

Wir können Ehrlichkeit und Authentizität bewusst kultivieren. Es erfordert Selbstreflexion, Mut und Bereitschaft, uns von äußeren Erwartungen zu befreien und unsere wahre Identität zu entfalten. Wir können eine gesunde Lebensweise entwickeln, die uns mit uns selbst und unserer Umgebung verbindet, indem wir ehrlich zu uns selbst und zu anderen sind und unsere wahre Identität zum Ausdruck bringen.

8.3. Verantwortungsbewusstes Handeln:

Verantwortungsbewusstes Handeln ist eine grundlegende Eigenschaft, die es uns ermöglicht, ein erfülltes und gerechtes Leben zu führen. Dazu gehört unsere Fähigkeit, Verantwortung für unsere Entscheidungen, Handlungen und Ergebnisse zu übernehmen. Durch bewusstes und überlegtes Handeln tragen wir dazu bei, positive Veränderungen in unserem Leben und der Welt um uns herum herbeizuführen.

Es bedeutet, sich für die Auswirkungen unserer Entscheidungen verantwortlich zu fühlen. Wir erkennen, dass wir unser eigenes Leben gestalten und dass unsere Entscheidungen Auswirkungen auf uns selbst, andere und die Umwelt haben. Wir gewinnen eine größere Kontrolle über unser Leben und können aktiv positive Veränderungen herbeiführen, indem wir Verantwortung für unser Handeln übernehmen.

Die Selbstreflexion ist ein wichtiger Schritt zum verantwortungsbewussten Handeln. Es ist wichtig, sich mit unseren Werten, Überzeugungen und Motivationen auseinanderzusetzen. Indem wir uns darüber im Klaren sind, warum wir bestimmte Entscheidungen treffen, können wir besser verstehen, wie sich unser Handeln auf unser Leben und das Leben anderer auswirkt.

Die bewusste Entscheidungsfindung ist ein weiterer Aspekt. Verantwortliches Handeln erfordert, dass wir uns Zeit nehmen, verschiedene Optionen zu prüfen und die potenziellen Auswirkungen zu berücksichtigen. Durch fundierte Entscheidungen erhöhen wir die Wahrscheinlichkeit positiver Ergebnisse und verringern die Wahrscheinlichkeit unerwünschter Folgen.

Ein weiterer wichtiger Schritt ist die Übernahme von Verantwortung. Verantwortungsbewusstes Handeln bedeutet, Verantwortung für die Auswirkungen unserer Entscheidungen zu übernehmen. Indem wir Verantwortung übernehmen, beweisen wir Integrität und stärken unsere Fähigkeit positive Veränderungen herbeizuführen.

Offene Kommunikation ist wichtig für verantwortungsbewusstes Handeln. Es beinhaltet, ehrlich und transparent zu sein und andere über unsere Absichten und Entscheidungen zu informieren. Durch offene Kommunikation schaffen wir eine Basis des Vertrauens und der Zusammenarbeit und lassen gleichzeitig auch andere Verantwortung übernehmen.

Schließlich ist kontinuierliche Weiterentwicklung ein wesentlicher Aspekt des verantwortungsbewussten Handelns. Es bedeutet, sich ständig zu hinterfragen, zu lernen und zu wachsen. Indem wir uns weiterentwickeln, können wir unser Verantwortungsbewusstsein stärken und zu einer positiven Veränderung in uns selbst und in der Welt beitragen.

Verantwortungsvolles Handeln ist eine Quelle persönlicher Stärke und Zufriedenheit. Es ermöglicht uns, unser Leben bewusst zu gestalten und

Verantwortung für unsere eigenen Erfahrungen zu übernehmen. Indem wir uns unserer Entscheidungen bewusst sind und die Konsequenzen akzeptieren, können wir einen positiven Einfluss auf uns selbst, andere und unsere Umwelt haben. Durch verantwortungsvolles Handeln tragen wir dazu bei, einen gesunden und erfüllten Lebensstil zu entwickeln.

8.4. Aufbau von Vertrauen:

Der Aufbau von Vertrauen spielt in unseren zwischenmenschlichen Beziehungen eine wichtige Rolle. Vertrauen ist die Grundlage einer gesunden und produktiven Zusammenarbeit, sei es in der Familie, zwischen Freunden oder im beruflichen Umfeld. Es schafft eine Atmosphäre des Wohlwollens, der Offenheit und des Respekts. Doch wie können wir Vertrauen aufbauen und stärken? Hier sind einige wichtige Aspekte, die Ihnen helfen können.

Ehrlichkeit und Transparenz sind der Schlüssel zum Aufbau von Vertrauen. Es geht darum, offen und ehrlich zu kommunizieren, sowohl verbal als auch im Handeln. Indem wir unsere Gedanken und Gefühle ehrlich mitteilen und unsere Versprechen halten, zeigen wir anderen, dass man uns vertrauen kann.

Empathie und Verständnis spielen eine wichtige Rolle beim Aufbau von Vertrauen. Indem wir Mitgefühl zeigen und versuchen, den Standpunkt der anderen Person zu verstehen, schaffen wir eine Atmosphäre des Vertrauens. Verständnis für die Bedürfnisse und Anliegen der anderen Person zu zeigen, stärkt Beziehungen und baut Vertrauen auf.

Offene Kommunikation ist ein weiterer wichtiger Aspekt beim Aufbau von Vertrauen. Es geht darum, unsere Gedanken, Gefühle und Erwartungen klar auszudrücken und auch zuzuhören. Indem wir einander respektvoll zuhören und offen miteinander reden, schaffen wir ein Umfeld des

Vertrauens, in dem Probleme und Konflikte offen besprochen und gelöst werden können.

Authentizität und Konsistenz sind weitere wichtige Faktoren beim Aufbau von Vertrauen. Es geht darum, authentisch zu sein und sich nicht zu verstellen. Indem wir uns selbst treu bleiben und unsere Werte und Überzeugungen konsequent leben, gewinnen wir das Vertrauen anderer. Kontinuität in unserem Handeln und in unseren Entscheidungen zeigen, dass wir vertrauenswürdig sind und unser Wort halten.

Der Aufbau von Vertrauen erfordert kontinuierliche Anstrengungen, Geduld und Zeit. Es ist ein kontinuierlicher Prozess, der gepflegt und verbessert werden muss. Wir können das Vertrauen in unsere Beziehungen stärken, indem wir uns auf Ehrlichkeit, Verlässlichkeit, Empathie, offene Kommunikation, Authentizität und Konsistenz konzentrieren. Vertrauen ist ein wertvolles Gut, das es uns ermöglicht, starke Beziehungen aufzubauen und Herausforderungen zu bewältigen.

8.5. Ethik und moralische Prinzipien:

Ethik und moralische Grundsätze spielen in unserem Privat- und Berufsleben eine zentrale Rolle. Sie dienen als Leitfaden für unser Verhalten und unsere Entscheidungen und haben einen erheblichen Einfluss auf unsere Beziehungen zu anderen und die Art und Weise, wie wir in der Welt handeln. Hier sind einige wichtige Aspekte, die uns helfen können, ethisch und moralisch zu handeln.

Die Achtung der Menschenwürde ist ein grundlegendes Prinzip der Ethik. Unabhängig von seiner Herkunft, seinem sozialen Status oder seinen Überzeugungen verdient jeder Mensch Respekt und Anerkennung. Wir sollten bestrebt sein, jedes Individuum als einzigartig anzuerkennen und ihnen mit Empathie und Freundlichkeit zu begegnen.

Integrität ist ein weiterer zentraler Aspekt der Ethik. Es geht darum, im Einklang mit unseren Werten und Überzeugungen zu handeln und unsere Versprechen zu halten. Integrität bedeutet, dass wir aufrichtig und ehrlich sind, auch wenn es unangenehm sein mag. Dazu gehört die Fähigkeit, Verantwortung für das eigene Handeln zu übernehmen und sich selbst und anderen gegenüber loyal zu sein.

Verantwortungsbewusstsein ist eine weitere Grundlage ethischen Handelns. Es bedeutet, die Konsequenzen unseres Handelns zu bedenken und Verantwortung für die Auswirkungen unserer Entscheidungen zu übernehmen. Verantwortung zu übernehmen erfordert, dass wir uns darüber im Klaren sind, welche Auswirkungen unser Handeln auf andere und die Gesellschaft haben kann, und dass wir nach bestem Wissen und Gewissen handeln.

Auch Fairness und Gerechtigkeit sind wichtige Aspekte ethischen Verhaltens. Es geht darum, alle gleich und fair zu behandeln und Diskriminierung und Ungerechtigkeit abzulehnen. Gerechtigkeit bedeutet, dass wir uns für gleiche Chancen und Rechte und gegen Ausbeutung und Ungerechtigkeit einsetzen. Gerechtigkeit erfordert, dass wir für ein gerechtes System und gerechte Bedingungen eintreten.

Eine ethische Perspektive erfordert auch die Fähigkeit, moralische Konflikte zu erkennen und angemessen damit umzugehen. Es gibt Situationen, in denen wir schwierige Entscheidungen treffen müssen, die mit unterschiedlichen moralischen Werten in Konflikt geraten können. Es ist wichtig, über unsere ethischen Grundsätze nachzudenken, unterschiedliche Standpunkte zu berücksichtigen und nach bestem Wissen und Gewissen zu handeln.

Ethik und moralische Grundsätze sind kein starres Regelwerk, sondern ein dynamisches Konzept, das sich im Laufe der Zeit weiterentwickelt. Es erfordert Selbstreflexion, Offenheit für neue Erkenntnisse und Bereitschaft, aus Fehlern zu lernen. Wir verbessern die Welt und dienen als Vorbild für andere, indem wir ethische Werte in unser Handeln integrieren.

Die Einhaltung ethischer Grundsätze und ethischer Werte beschert uns nicht nur persönliches Wachstum und Zufriedenheit, sondern trägt auch zur Entwicklung einer ethisch verantwortungsbewussten Gesellschaft bei. Indem wir ethisch handeln, schaffen wir Vertrauen, fördern das Wohlergehen aller und tragen dazu bei, eine Welt zu gestalten, in der Respekt, Fairness und Gerechtigkeit vorherrschen.

Schauen wir hierzu die Geschichte von Jacinda Ardern an. Sie wurde 1980 in Neuseeland geboren und trat in die Politik ein, als sie 2008 ins Parlament gewählt wurde. Sie hatte eine bemerkenswerte politische Karriere, aber ihre Führungsqualitäten erreichten einen Höhepunkt, als sie im Jahr 2017 zur Premierministerin von Neuseeland gewählt wurde.

Ihre Amtszeit begann mit vielen Herausforderungen, aber es war ihr unerschütterlicher Glaube an Integrität und Menschlichkeit, der sie wirklich auszeichnete. Das Massaker an der Christchurch-Moschee im März 2019 war ein entscheidender Moment. Als dieses schreckliche Ereignis Neuseeland und die Welt schockierte, reagierte Ardern auf eine Weise, die sie zu einem globalen Symbol für Integrität und Mitgefühl machte. Anstatt nur bei politischer Rhetorik zu bleiben, zeigte Ardern echtes Mitgefühl. Bei Treffen mit der muslimischen Gemeinschaft trug sie ein Kopftuch und betonte damit die Einheit des Landes über die Spaltung hinaus. Ihre Worte und Taten sind der lebendige Beweis dafür, wie eine Führungspersönlichkeit inmitten von Tragödien und Herausforderungen Integrität beweisen kann. Sie versprach außerdem, die Waffengesetze zu verschärfen, um solche Tragödien in Zukunft zu verhindern.

Ihre Haltung ist keine politische Taktik, sondern Ausdruck ihrer wahren Überzeugungen. Ardern hat sich auch für soziale Gerechtigkeit und Umweltschutz eingesetzt und Neuseeland mit einem klaren, wissenschaftlich fundierten Ansatz durch die COVID-19-Pandemie geführt. Ihre Entschlossenheit, die Gesundheit und das Wohlergehen ihres Volkes über politische Interessen zu stellen, bewies einmal mehr ihre Integrität.

Der Erfolg von Jacinda Ardern basiert auf ihrer Authentizität und Ihrer klaren Verbindung zu ihren Werten. Sie hat bewiesen, dass wahre Integrität und Mitgefühl in Führungspositionen nicht nur machbar, sondern auch sehr effektiv sein können. Ihre Geschichte erinnert uns daran, dass es in der Politik und im Leben im Allgemeinen wichtig ist, seinen Überzeugungen treu zu bleiben und das Gemeinwohl im Auge zu behalten.

Learnings:

> **Klarheit über persönliche Werte:** Integrität beginnt mit einem tiefen Verständnis unserer eigenen Werte und Überzeugungen. Es ist wichtig, sich bewusst zu sein, was uns wichtig ist und danach zu handeln.

> **Ehrlichkeit und Authentizität:** Integrität erfordert, ehrlich zu sich selbst und anderen zu sein. Es bedeutet, unsere Worte und Taten in Einklang zu bringen und authentisch zu sein, ohne sich zu verstellen oder zu täuschen.

> **Verantwortungsbewusstes Handeln:** Integrität beinhaltet, die Konsequenzen unserer Handlungen zu bedenken und die Verantwortung dafür zu übernehmen. Wir sollten uns bewusst sein,

wie unsere Entscheidungen und Handlungen andere beeinflussen und danach handeln.

➢ **Aufbau von Vertrauen:** Integrität ist eng mit dem Aufbau von Vertrauen verbunden. Durch unser integres Handeln gewinnen wir das Vertrauen anderer Menschen. Es erfordert Konsistenz, Zuverlässigkeit und Ehrlichkeit, um Vertrauen aufzubauen und aufrechtzuerhalten.

➢ **Ethik und moralische Prinzipien:** Integrität beruht auf ethischen Grundsätzen und moralischen Prinzipien. Es bedeutet, fair und gerecht zu handeln, Diskriminierung abzulehnen und für das Gemeinwohl einzustehen. Ethik und Integrität gehen Hand in Hand und sind der Schlüssel zu einem sinnvollen und erfüllten Leben.

KAPITEL 9

BALANCEAKT LEBEN

"Das Geheimnis eines erfüllten Lebens liegt in der Kunst, die Waage zwischen Pflichten und Leidenschaften zu halten."
~ DAVID O. MCKAY

In Kapitel 8 haben wir die Bedeutung von Integrität und verantwortungsvollem Verhalten untersucht und wie diese Werte positive Veränderungen in einem Unternehmen und in unserem persönlichen Leben bewirken können. Jetzt wollen wir ein weiteres essenzielles Thema behandeln – den Balanceakt des Lebens.

Ein ausgeglichenes Leben ist für unsere Gesundheit und unser Glück von entscheidender Bedeutung. Es geht darum, ein gesundes Gleichgewicht zwischen verschiedenen Aspekten unseres Lebens zu finden und aufrechtzuerhalten. Dazu gehören Arbeit und Freizeit, persönliche Ziele und soziale Beziehungen sowie körperliche und geistige Gesundheit.

In der heutigen schnelllebigen Welt ist es oft eine Herausforderung, die richtige Balance zu finden. Die Anforderungen des Berufslebens, gesellschaftlicher Verpflichtung, familiärer und persönlicher Ziele können uns leicht aus dem Gleichgewicht bringen und zu Stress, Erschöpfung und Burnout führen. Der inhaltliche Schwerpunkt des Kapitels liegt darin, Ihnen Werkzeuge und Strategien an die Hand zu geben, mit denen sie ein gesundes Gleichgewicht in ihrem Leben erreichen können.

Ein Leben mit Ausgewogenheit bedeutet nicht, dass alles perfekt sein muss. Es geht vielmehr darum, Prioritäten bewusst zu setzen und Zeit für die Dinge zu finden, die uns wirklich wichtig sind. Es erfordert eine ehrliche Selbsteinschätzung, um herauszufinden, welche Aspekte unseres Lebens vernachlässigt werden und welche mehr Aufmerksamkeit benötigen.

Das effektive Zeitmanagement ist ein wichtiger Teil der Ausgewogenheit. Durch die bewusste Priorisierung von Aufgaben und Aktivitäten können Sie sich klar auf das Wesentliche konzentrieren und unnötigen Stress vermeiden. Gleichzeitig ist es wichtig, klare Grenzen zu setzen und ab und zu „Nein" zu sagen, um eine Überforderung zu vermeiden.

Auch die bewusste Pflege sozialer Beziehungen und Interessen spielt eine wichtige Rolle. Zeit mit unseren Lieben zu verbringen und an Aktivitäten teilzunehmen, die Freude bereiten, hilft uns, uns glücklicher zu fühlen und unsere Stressresistenz zu stärken.

Darüber hinaus ist es auch ein wichtiger Faktor für die Lebensbalance, auf sich selbst zu achten. Es ist wichtig, auf unsere körperliche und geistige Gesundheit zu achten und uns regelmäßig Zeit zum Entspannen und Erholen zu gönnen. Achtsamkeitsübungen können uns helfen, in der Gegenwart zu leben, negative Gedanken loszulassen und Stress abzubauen.

Es ist wichtig, dass das Gleichgewicht von Person zu Person unterschiedlich sein kann. Jeder hat unterschiedliche Bedürfnisse, Ziele und Verpflichtungen.

Der Balanceakt des Lebens ist eine kontinuierliche Reise, die ständige Anpassungen und Flexibilität erfordert. Es gibt keine universelle Lösung.

Jeder Mensch muss seinen eigenen Weg finden, ein erfülltes und ausgeglichenes Leben zu führen. Indem wir verschiedene Aspekte des Lebens in Einklang bringen, können wir ein Leben führen, das uns Glück, Zufriedenheit und Erfüllung bringt.

Als Beispiel für das Meistern des Balanceaktes des Lebens betrachten wir wieder das Leben von Elon Musk.

Was Musk besonders auszeichnet, ist seine Fähigkeit, seine Zeit und Energie verschiedenen Bereichen seines Lebens zu widmen. Als CEO von Tesla strebt er danach, die Autoindustrie zu revolutionieren und erneuerbare Energiequelle zu fördern. Gleichzeitig widmet er sich mit seiner Firma SpaceX seiner Vision der Weltraumforschung und die Menschheit multiplanetar zu machen.

Darüber hinaus ist Musk ein Befürworter der künstlichen Intelligenz und gründete Neuralink, um die Verbindung zwischen Gehirn und Computern zu erforschen und zu stärken. Neben diesen beruflichen Verpflichtungen hat er auch familiäre und persönliche Interessen.

Er ist bekannt dafür, sehr organisiert zu sein und seine Zeit effektiv zu nutzen, um die Balance im Leben zu meistern. Hier sind einige Strategien, die er verwendet:

Blockzeit für verschiedene Aufgaben:

Musk unterteilt seinen Tag in Abschnitte, in denen er sich auf bestimmte Aufgaben konzentriert. Beispielsweise nimmt er sich Zeit für Besprechungen, Zeit für die Lösung technischer Probleme und Zeit für Privatleben.

Strikte Priorität:

Er ist sehr diszipliniert bei der Priorisierung von Aufgaben. Er konzentriert sich auf das, was für seine Unternehmen am wichtigsten ist, und delegiert andere Aufgaben an seine Teams.

Multitasking:

Musk ist ein Meister des Multitasking. Er arbeitet oft an mehreren Projekten gleichzeitig, ohne Abstriche bei der Qualität seiner Arbeit zu machen.

Zeit für Familie und Unterhaltung:

Obwohl er viel arbeitet, ist Musk sich immer noch bewusst, Zeit mit seiner Familie zu verbringen. Er verbringt Zeit mit seinen Kindern und trainiert, um seine geistige und körperliche Gesundheit zu erhalten.

Effizient kommunizieren:

Musk kommuniziert gerne prägnant und klar. In Besprechungen und E-Mails versucht er, Informationen präzise zu übermitteln, um Zeit zu sparen.

Schlafpriorisierung:

Er betont, wie wichtig es ist, genügend Schlaf zu bekommen und zu versuchen, sich genügend Ruhe zu gönnen, um die Leistungsfähigkeit zu erhalten.

Es ist wichtig anzumerken, dass Musks Zeitmanagementmethoden nicht jedermanns Sache sind und er eine außergewöhnliche Arbeitsmoral hat. Seine Strategien liefern jedoch wertvolle Informationen, wie Sie ihr Leben für den persönlichen und beruflichen Erfolg organisierten können.

Musk zeigt, dass man mit einer klaren Ausrichtung, Leidenschaft für die Arbeit und effektiven Zeitmanagementstrategien in verschiedenen Lebensbereichen erfolgreich sein kann. Seine Geschichte lehrt uns, wie wichtig es ist, die Balance im Leben zu meistern, um beruflichen Erfolg und persönliche Erfüllung zu erreichen.

Learnings:

➢ Das Streben nach Ausgewogenheit im Leben bedeutet, eine harmonische Balance zwischen verschiedenen Bereichen des Lebens zu finden, darunter Beruf, Familie, Sozialleben und persönliche Interessen.

➢ Ein effektives Zeitmanagement ist ein wichtiger Weg, Prioritäten zu setzen und Raum für die wichtigen Dinge im Leben zu schaffen.

➢ Regelmäßige Selbstreflexion und Selbstfürsorge sind wichtig, um Stress zu reduzieren und die eigene Resilienz zu stärken.

➢ Klare Grenzen zu setzen und gelegentlich Nein zu sagen, ermöglicht es uns, unsere eigenen Bedürfnisse zu respektieren und nicht von den Anforderungen anderer überfordert zu sein.

➢ Die Pflege persönlicher Interessen und Leidenschaften bringt Freude und Erfüllung ins Leben und fördert eine positive Lebensperspektive.

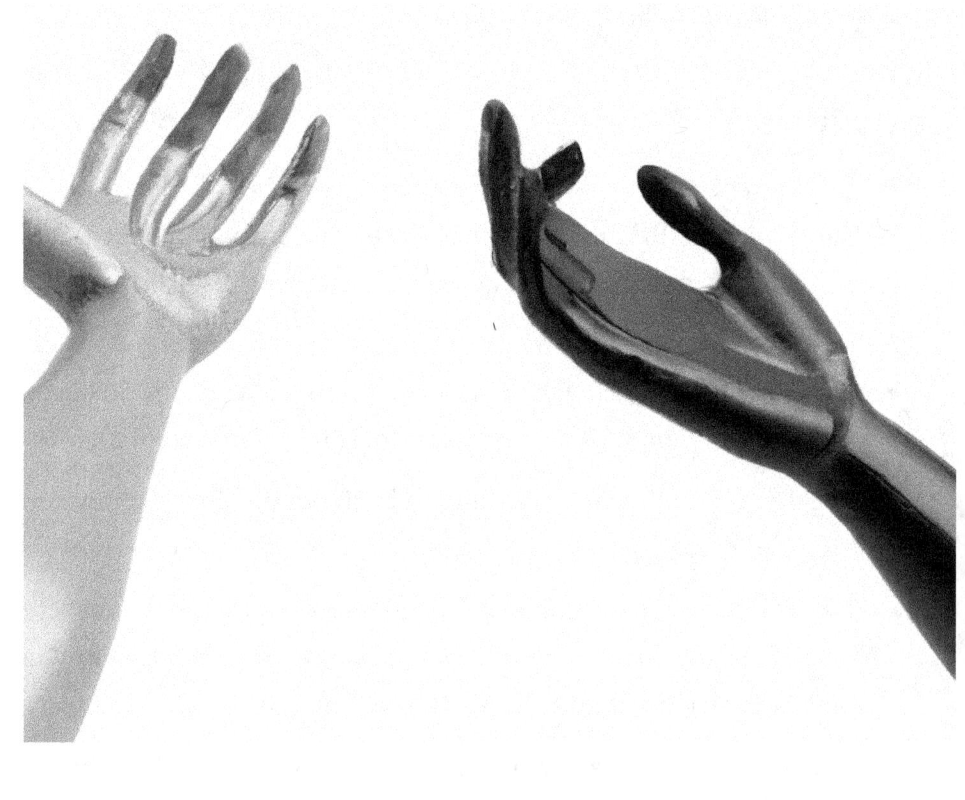

KAPITEL 10

GEBEN IST DAS NEUE NEHMEN

"Geben ist keine Frage des Überflusses, sondern eine Haltung des Herzens."

~ LAOZI

Wenn wir uns ein erfülltes und glückliches Leben wünschen, suchen wir oft nach äußeren Erfolgen wie Karriere, Reichtum oder Anerkennung. Wahre Zufriedenheit liegt jedoch nicht immer in diesen äußeren Faktoren, sondern im Geben und Helfen für andere.

Geben ist eine universelle Handlung, die in jeder Kultur und Gesellschaft als wertvoll und positiv angesehen wird. Es ist ein Akt der Großzügigkeit und des Mitgefühls, bei dem wir unsere Zeit, Energie, Ressourcen oder Fähigkeiten teilen, um anderen zu helfen oder sie zu unterstützen. Es spielt keine Rolle, ob wir einen Freund in einer schwierigen Zeit seines Lebens unterstützen, uns ehrenamtlich für eine gemeinnützige Organisation engagieren oder Bedürftige finanziell unterstützen. Jede Form des Gebens hat eine tiefe Bedeutung und kann unser Leben auf vielfältige Weise bereichern.

Aber warum ist das Geben so wichtig für unser Glück und unsere Erfüllung?

> ***Verbindung und Zusammenhalt:*** Geben stärkt unsere Verbindungen zu den Menschen um uns herum. Wenn wir anderen helfen, sei es durch emotionale Unterstützung, praktische Hilfe oder finanzielle Unterstützung, entsteht ein Gefühl der Solidarität und Zugehörigkeit. Wir werden uns bewusst, dass wir Teil einer größeren Gemeinschaft sind und dass unser Handeln positive Auswirkungen haben kann. Die Erfahrung, dass wir durch unser Handeln das Leben anderer verbessern können, verbindet uns auf einer zutiefst menschlichen Ebene.

> ***Sinn und Bedeutung:*** Geben gibt unserem Leben Sinn und Bedeutung. Es zeigt uns, dass unsere Existenz einen Sinn hat und dass wir die Fähigkeit haben, das Leben anderer positiv zu beeinflussen. Wenn wir anderen helfen und Gutes tun, erleben wir ein Gefühl der Erfüllung und Zufriedenheit, das uns mit einem tieferen Sinn im Leben verbindet. Das Bewusstsein, dass unser Handeln etwas bewirken kann, gibt uns das Gefühl, Teil eines größeren Ganzen zu sein und mit unserer Existenz einen wertvollen Beitrag leisten zu können.

> ***Positive Emotionen:*** Geben löst in uns starke positive Emotionen wie Dankbarkeit, Freude und Zufriedenheit aus. Es erzeugt einen emotionalen Effekt, der allgemein als „Wohltätigkeitseffekt" bekannt ist. Die Freude und das Glück, die wir empfinden, wenn wir anderen helfen, sind unbezahlbar. Diese positiven Emotionen tragen wesentlich zu unserem persönlichen Glück und Wohlbefinden bei und können sogar eine heilende Wirkung auf unser eigenes Leben haben.

> ➢ ***Selbstwertgefühl und Selbstachtung:*** Wenn wir anderen helfen, steigert das unser Selbstwertgefühl. Es zeigt uns, dass wir einen Wert haben und dass unser Handeln einen Unterschied machen kann. Das stärkt unser Selbstvertrauen und unsere innere Balance. Wenn wir die Fähigkeit haben, anderen etwas zu geben, erkennen wir auch unsere Stärke und Fähigkeit, für uns selbst und andere zu sorgen.

> ➢ ***Wechselseitiger Nutzen:*** Das Interessante ist, dass nicht nur der Nehmer vom Geben profitiert, sondern auch die Geber. Studien zeigen, dass Menschen, die anderen helfen, eine bessere psychische Gesundheit, weniger Stress haben und glücklicher sind. Als Beispiel dafür gilt die Studie aus 2003 von Stephanie Brown vom Institute für Social Research zur positiven Wirkung von Altruismus auf die psychische Gesundheit. Diese untersuchte den Zusammenhang zwischen selbstlosen Handlungen und dem psychischen Wohlbefinden derjenigen, die solche Handlungen ausführten.

Die Ergebnisse der Studie legen nahe, dass Altruismus einen positiven Einfluss auf die psychische Gesundheit haben kann. Menschen, die sich ehrenamtlich engagieren oder anderen auf verschiedene Weise helfen, berichten oft, dass sie sich glücklicher und zufriedener mit dem Leben fühlen und weniger depressiv und ängstlich sind.

Ein Mechanismus, der diesen Zusammenhang erklären kann, ist das Gefühl von Sinnhaftigkeit und sozialer Verbundenheit, die aus altruistischen Handlungen entstehen können.

Daher ist Geben eine Win-win-Situation, die alle Beteiligten bereichert. Es fördert ein positives soziales Umfeld und stärkt unsere zwischenmenschlichen Beziehungen.

Es ist wichtig zu betonen, dass die Größe der Geste nicht das Geben beeinflusst. Bereits winzige Gesten der Freundlichkeit und Hilfsbereitschaft können enorme Auswirkungen haben. Ein Lächeln für einen Fremden, ein offenes Ohr für einen Freund oder eine Spende für einen guten Zweck sind alles Beispiele für positive Handlungen, die uns ein Gefühl der Erfüllung geben können.

Das Geben kann eine transformative Kraft sein, die nicht nur unser eigenes Leben bereichert, sondern auch die Welt um uns herum positiv beeinflusst, in einer Gesellschaft, die oft von Selbstbezogenheit und Eigeninteresse geprägt ist. Es erinnert uns daran, dass wir alle miteinander verbunden sind und dass das Leben anderer von unserem Handeln beeinflusst werden kann. Wir fördern eine Kultur des Mitgefühls und der Solidarität, indem wir uns für das Wohl anderer einsetzen.

Das Geben kann im heutigen Zeitalter auf vielfältige Weise praktiziert werden. In einer digital vernetzten Welt haben wir die Möglichkeit, uns online für wohltätige Zwecke einzusetzen, Spenden für gemeinnützige Organisationen zu machen oder an ehrenamtlichen Projekten teilzunehmen. Es gibt jedoch auch in der persönlichen Umgebung zahlreiche Möglichkeiten, anderen zu helfen. Ein kleines Geschenk für einen geliebten Menschen, eine helfende Hand für einen Nachbarn oder ein offenes Ohr für einen Freund, der gerade eine schwierige Zeit durchmacht, kann eine positive Wirkung haben. Frei von Erwartungen sollte das Geben aus dem Herzen kommen.

Darüber hinaus ist das Geben eine Möglichkeit, sich selbst zu unterstützen. Wenn wir uns für andere einsetzen, lenken wir unsere Aufmerksamkeit von unseren eigenen Problemen und Sorgen ab und finden eine Befriedigung, die uns innerlich erfüllt. Es kann uns dabei helfen, uns mit unserer eigenen Menschlichkeit zu verbinden und uns daran erinnern, dass wir alle miteinander verbunden sind, weil wir alle in diesem Leben verbunden sind.

Letztendlich ist das Geben nicht nur das neue Nehmen, sondern auch ein Akt der Selbstfindung und persönlichen Entwicklung. Wir können uns selbst besser kennenlernen und unsere eigenen Werte und Prioritäten reflektieren, wenn wir uns für andere einsetzen, und unsere Zeit und Ressourcen teilen. Es kann uns dabei helfen, uns bewusst zu werden, was uns wirklich wichtig ist und wie wir unseren Beitrag für die Gesellschaft leisten wollen.

Das Geben kann einen Gegenpol in einer Welt bilden, die häufig von Konsum und Selbstoptimierung geprägt ist. Es kann uns daran erinnern, dass wahre Erfüllung in den zwischenmenschlichen Beziehungen liegt und dass wir mit unserem Handeln eine positive Veränderung bewirken können.

Eine Persönlichkeit des öffentlichen Lebens, von der bekannt ist, dass sie viel gibt, ist der Schauspieler und Philanthrop George Clooney. Clooney engagierte sich im Laufe der Jahre für verschiedene soziale und humanitäre Zwecke. Hier einige Beispiele seines Engagements:

__Krise im Sudan:__ Clooney ist ein starker Befürworter der Beendigung des Dafur-Konflikts im Sudan. Zusammen mit anderen Prominenten gründete er die Initiative „Not On Our Watch", um auf die humanitäre Krise aufmerksam zu machen und Hilfe zu leisten.

__Erdbeben in Haiti:__ Nach dem verheerenden Erdbeben in Haiti 2010 gründete Clooney die Initiative „Hope for Haiti Now" und veranstaltete eine Spendengala, bei der Millionen von Dollar für Erdbebenopfer gesammelt wurden.

__Hilfe für Flüchtlinge:__ George Clooney unterstützt die Flüchtlingshilfe. Er unterstützt die Arbeit des UN-Flüchtlingshochkommissariats (UNHCR) und besuchte Flüchtlingslager, um auf die Not der Flüchtlinge aufmerksam zu machen.

Politische und soziale Themen: Neben der humanitären Arbeit beteiligt sich Clooney auch an politischen und sozialen Aktivitäten. Er setzte sich beispielsweise für die Gleichstellung der Geschlechter ein und kämpfte gegen Armut und Krankheit.

George Clooney ist ein Beispiel dafür, wie Prominente und Persönlichkeiten des öffentlichen Lebens ihre Plattform nutzen können, um positive Veränderungen in der Welt herbeizuführen. Sein Engagement und seine großzügigen Spenden haben vielen Menschen in Not geholfen und auf wichtige globale Herausforderungen aufmerksam gemacht.

Abschließend möchte ich Sie ermutigen, das Geben in ihrem Leben als Quelle des Glücks und der Erfüllung zu erkennen. Jede Handlung des Gebens, ob groß oder klein, kann einen Unterschied machen und uns mit einem tiefen Gefühl der Dankbarkeit und Erfüllung erfüllen. Möge das Geben zu einer selbstverständlichen und bedeutsamen Praxis in unserem Leben werden und uns daran erinnern, dass wir alle die Fähigkeit haben, Gutes zu tun und unsere Welt zu verbessern.

Learnings:

➢ **Geben ist eine innere Haltung:** Geben bedeutet nicht nur materielle Dinge, sondern auch Zeit, Aufmerksamkeit und emotionale Unterstützung mit offenem Herzen zu teilen.

➢ **Großzügigkeit bringt Erfüllung:** Das Geben ohne Erwartungen an Gegenleistungen kann tiefe Zufriedenheit und innere Erfüllung bringen.

➢ **Mitgefühl und Empathie:** Durch das Geben können wir Mitgefühl und Empathie für andere Menschen entwickeln, ihre Bedürfnisse erkennen und ihnen auf bedeutsame Weise helfen.

> ➤ **Gemeinschaftsstärkung:** Geben fördert eine starke Gemeinschaft, da es eine Atmosphäre des Vertrauens und der Unterstützung schafft, die das Miteinander stärkt.

> ➤ **Positive Auswirkungen auf das eigene Leben:** Großzügiges Geben kann auch positive Auswirkungen auf das eigene Leben haben, indem es das soziale Netzwerk erweitert, die Wertschätzung anderer fördert und ein Gefühl der Verbundenheit schafft.

KAPITEL 11

ANPASSUNGSFÄHIGKEIT, DEIN SURVIVAL-KIT

"Nicht die stärksten oder intelligentesten Lebewesen überleben, sondern diejenigen, die sich am besten an Veränderungen anpassen können."

~LEON C. MEGGINSON

In einer sich ständig verändernden Welt ist Anpassungsfähigkeit entscheidend für die erfolgreiche Bewältigung der Herausforderungen des Lebens. Anpassungsfähigkeit ermöglicht es uns, Veränderungen anzunehmen, flexibel zu bleiben und effektiv auf neue Situationen zu reagieren. Dies eröffnet eine Welt voller Möglichkeiten und Chancen für persönliches Wachstum.

Anpassungsfähigkeit ist mehr als nur die Reaktion auf Veränderungen; Es ist ein Geisteszustand und eine Lebensphilosophie. Hier sind fünf wesentliche Punkte, die uns helfen können, diese wertvolle Fähigkeit zu entwickeln:

> ➤ *Die Macht der Akzeptanz:* Anpassungsfähigkeit beginnt damit, Veränderungen als natürlichen Teil des Lebens zu akzeptieren. Wir neigen oft dazu, uns gegen Veränderungen zu sträuben, weil sie das Unbekannte mit sich bringen und uns aus unserer Komfortzone führen. Aber Akzeptanz ermöglicht es uns, uns an neue Umstände anzupassen und sie nicht als Bedrohung, sondern als Chance zu sehen. Indem wir Veränderungen akzeptieren und ihnen offen gegenüberstehen, können wir uns schneller anpassen und mit weniger Angst und Widerstand auf Veränderungen reagieren.

> ➤ *Flexibilität als Schlüsselqualität:* Flexibles Denken ermöglicht es uns, alternative Lösungen zu finden, wenn unsere ursprünglichen Pläne scheitern. In einer sich ständig verändernden Welt sind starre Denkmuster oft ein Hindernis. Eine flexible Denkweise ermöglicht es uns, uns an neue Situationen anzupassen und kreativ zu reagieren. Flexibilität bedeutet auch, dass wir bereit sind, alte Überzeugungen in Frage zu stellen und neue Perspektiven einzubringen. Dadurch können wir uns von alten Mustern lösen und neue Wege gehen.

> ➤ *Die Entwicklung von Resilienz:* Anpassungsfähigkeit fördert Resilienz, die Fähigkeit, sich von Rückschlägen zu erholen und gestärkt aus schwierigen Situationen hervorzugehen. Das Leben bringt uns immer unerwartete Hindernisse, Misserfolge und Krise. Resiliente Menschen können sich schneller erholen und neue Wege finden, Herausforderungen zu meistern. Indem wir uns anpassen und flexibel bleiben, können wir emotionale Widerstandsfähigkeit aufbauen und uns schneller von Rückschlägen erholen.

> ➤ *Die Kunst des Loslassens:* Anpassungsfähigkeit erfordert oft, dass wir alte Gewohnheiten, Überzeugungen oder Beziehungen

loslassen. Das Loslassen alter Muster ermöglicht es uns, Raum für neue Erfahrungen und Möglichkeiten zu schaffen. Es kann beängstigend sein, sich von dem Gewohnten zu lösen, aber nur durch Loslassen können wir Raum für persönliches Wachstum und Entwicklung schaffen. Indem wir bewusst Dinge loslassen, die uns nicht mehr dienen, können wir Raum für positive Veränderungen in unserem Leben schaffen.

> ***Den Wandel als Chance begreifen:*** Anpassungsfähigkeit gibt uns die Möglichkeit, aus Veränderungen zu lernen und persönlich zu wachsen. Wir fühlen uns oft von Veränderungen überwältigt und wünschen uns, wir könnten in die vertraute Vergangenheit zurückkehren. Aber indem wir Veränderungen als Chance betrachten und sie als Chance für persönliches Wachstum und neue Erfahrungen nutzen, können wir unsere Komfortzone erweitern und unsere Grenzen überwinden. Anstatt Angst vor Veränderungen zu haben, sollten wir sie als Chance sehen, zu wachsen und unser volles Potenzial auszuschöpfen.

Eine bekannte Persönlichkeit, die für ihre herausragende Anpassungsfähigkeit bekannt ist, ist Angela Merkel, die ehemalige deutsche Bundekanzlerin.

Angela Merkel wurde 2005 zur Bundeskanzlerin gewählt und stand während ihrer Amtszeit vor vielen komplexen nationalen und internationalen Herausforderungen. Ihr Ruf als starke und pragmatische Führungskraft beruht größtenteils auf ihrer Fähigkeit, sich an unvorhersehbare Ereignisse anzupassen und damit umzugehen.

Ein bemerkenswertes Beispiel für Merkels Anpassungsfähigkeit war ihre Reaktion auf die Finanzkrise von 2008.

Deutschland und die Welt waren mit wirtschaftlichen Turbulenzen konfrontiert, und Merkel arbeitete eng mit anderen führenden Politikern der Welt zusammen, um Maßnahmen zur Stabilisierung des Marktes zu ergreifen. Ihre entschlossene Führung trug dazu bei, Deutschland und die Eurozone von einer noch tieferen Krise zu bewahren.

Während ihrer Amtszeit war Frau Merkel auch mit Herausforderungen wie der Eurokrise, der Flüchtlingskrise und zuletzt der COVID-19-Pandemie konfrontiert. In jeder dieser Situationen hat das Land seine Fähigkeit unter Beweis gestellt, ihre Politik und Strategien an sich ändernde Umstände anzupassen.

Angela Merkel ist ein bemerkenswertes Beispiel dafür, wie Anpassungsfähigkeit, Belastbarkeit und die Fähigkeit, Krisen zu bewältigen, einen Menschen zu einer starken Führungspersönlichkeit machen können. Ihr Vermächtnis als Bundeskanzlerin wird auch von ihrer Fähigkeit geprägt sein, sich flexibel und effektiv an eine sich verändernde Welt anzupassen.

In einer sich schnell verändernden Welt ist Anpassungsfähigkeit ein wesentliches Instrument, um das Leben erfolgreich zu meistern. Indem wir die Kraft von Akzeptanz, Flexibilität, Belastbarkeit, Loslassen und Veränderung als Chance begreifen, können wir unsere Anpassungsfähigkeit stärken und ein erfülltes und zufriedenstellendes Leben führen. Wie ein Kompass, der uns den Weg weist, kann uns Anpassungsfähigkeit durch die Höhen und Tiefen des Lebens führen und unsere innere Stärke und Weisheit zum Vorschein bringen.

Learnings:

> **Anpassung ist der Schlüssel zur Bewältigung von Veränderungen:** Die Fähigkeit, sich an neue Situationen anzupassen, ermöglicht es uns, flexibel und resilient mit den Herausforderungen des Lebens umzugehen.

> **Offenheit für Veränderungen:** Eine positive Einstellung gegenüber Veränderungen hilft uns, neue Chancen zu erkennen und sie als Chance zur persönlichen Weiterentwicklung zu nutzen.

> **Lernen aus Fehlern und Erfahrungen:** Die Anpassungsfähigkeit umfasst auch die Bereitschaft, aus Fehlern und Erfahrungen zu lernen, um besser auf zukünftige Situationen reagieren zu können.

> **Selbstreflexion und Achtsamkeit:** Durch die regelmäßige Selbstreflexion und Achtsamkeit können wir unsere Reaktionen auf Veränderungen besser verstehen und gezielt anpassen.

> **Flexibilität und Resilienz:** Anpassungsfähigkeit stärkt unsere Fähigkeit, Herausforderungen zu meistern, und fördert unsere Resilienz, um gestärkt aus schwierigen Zeiten hervorzugehen.

KAPITEL 12

VISION, DER LEUCHTTURM IN DER ZUKUNFT

"Die größte Gefahr im Geschäft und im Leben besteht darin, dass man keine Ziele hat, die man anstrebt."

~ ZIG ZIGLAR

In diesem Kapitel wollen wir tiefer auf die Bedeutung einer Vision eingehen. Eine Vision ist wie ein Leuchtturm, der aus der Ferne leuchtet, uns den Weg weist und uns die Kraft gibt, unser volles Potenzial auszuschöpfen. Es ist nicht nur eine Fantasie, sondern ein mächtiges Werkzeug, das uns hilft, unser Leben bewusst zu gestalten und unsere Ziele zu erreichen. Mit einer klaren Vision gewinnen wir innere Klarheit und unsere Ziele werden greifbarer. Visionen geben unserem Handeln einen Sinn und motivieren uns, auch in schwierigen Zeiten nicht aufzugeben.

> ➤ *Die Macht einer Vision* – Eine klare Vision hat die transformative Kraft, die uns hilft, voranzukommen und unsere Energien zu fokussieren. Wenn wir eine klare Vorstellung davon haben, was wir erreichen wollen, gewinnen wir innere Klarheit und unsere Ziele

werden greifbarer. Visionen geben unserem Handeln einen Sinn und motivieren uns, auch in schwierigen Zeiten nicht aufzugeben.

> ***Die Verbindung zwischen Vision und Selbstreflexion*** – Um eine wirksame Vision zu entwickeln, ist es wichtig, dass wir uns selbst klar verstehen. Durch tiefe Selbstbeobachtung können wir erkennen, wer wir wirklich sind, welche Werte uns wichtig sind und welche Träume und Ziele uns motivieren. Wenn wir unsere Stärken und Leidenschaften verstehen, können wir eine Vision schaffen, die mit unserer wahren Identität übereinstimmt.

> ***Vision als Kompass für Entscheidungen*** – Eine klare Vision dient als Orientierung für unsere Entscheidungen. Dadurch können wir klare Prioritäten setzen und uns auf das Wesentliche konzentrieren. Wenn wir uns in einer Situation befinden, in der wir nicht wissen, wie wir eine Entscheidung treffen sollen, können wir uns von unserer Vision leiten lassen. Dies hilft uns, den richtigen Weg zu finden und unnötige Ablenkungen zu vermeiden.

> ***Die Bedeutung von Zielsetzungen*** – Eine Vision allein reicht nicht aus. Wir müssen uns konkrete Ziele setzen, die uns auf dem Weg zur Verwirklichung unserer Vision leiten. Ziele sind wie Meilensteine, die uns helfen, unseren Fortschritt zu messen und uns auf dem Laufenden zu halten. Indem wir unsere Ziele erreichen, kommen wir unserem großen Ziel, unserer Vision, Schritt für Schritt näher.

> ***Die Kraft des positiven Denkens*** – Eine Vision erfordert auch positives Denken. Wenn wir an unsere Vision glauben und uns vorstellen, wie sie aussehen wird, wenn sie Wirklichkeit wird, steigern wir unsere Motivation und unser Selbstvertrauen. Positive Gedanken sind wir Treibstoff für unsere Vision, sie geben uns die

Energie und den Mut, unsere Ziele zu verfolgen und Misserfolge als Teil der Reise zu akzeptieren.

Mahatma Gandhi war ein indischer Führer der Unabhängigkeitsbewegung gegen die britische Kolonialherrschaft. Seine Vision war es, Indien von der britischen Herrschaft zu befreien und den Weg des gewaltlosen zivilen Ungehorsams zu beschreiten. Er glaubte an die Prinzipien der Gewaltlosigkeit, des Altruismus und der Ehrlichkeit.

Gandhi verwirklichte seine Vision mit bemerkenswerter Entschlossenheit und Beharrlichkeit. Er organisierte Massenproteste, Boykotte und Hungerstreiks, um auf die Ungerechtigkeit der Kolonialherrschaft aufmerksam zu machen. Seine Botschaft der Gewaltlosigkeit und des gewaltlosen Widerstands hat Millionen von Menschen nicht nur in Indien, sondern auf der ganzen Welt inspiriert.

Seine berühmteste Aktion war der Salzmarsch von 1930, bei dem er und seine Anhänger einen 390 km langen Marsch durchführten, um gegen das britische Salzmonopol zu protestieren. Dies Aktion wurde zum Symbol des gewaltlosen Widerstands und lenkte die internationale Aufmerksamkeit auf die Unabhängigkeitsbewegung Indiens.

Gandhis Vision eines unabhängigen, geeinten und gewaltfreien Indiens wurde schließlich Wirklichkeit, als Indien 1947 die Unabhängigkeit von der britischen Herrschaft erlangte. Sein Erbe als Vorkämpfer für Frieden, Freiheit und Gewaltlosigkeit lebt bis heute weiter und inspiriert Menschen auf der ganzen Welt, für ihre Visionen und Überzeugungen einzustehen.

Eine klare Vision bildet einen roten Faden für unser Leben und stärkt unsere Entschlossenheit, Hindernisse zu überwinden und unsere Träume zu verwirklichen. Sie ist der Leuchtturm, der uns durch dunkle Zeiten führt und uns daran erinnert, dass wir immer auf das Licht am Ende des Tunnels blicken. Indem wir uns die Zeit nehmen, uns weiterzuentwickeln und unserer Vision vertrauen, können wir unser volles Potenzial ausschöpfen und ein erfülltes und glückliches Leben führen. Die Vision ist es, die uns motiviert, das Leben zu schaffen, von dem wir träumen. Sie zeigt uns den Weg, den wir einschlagen wollen und gibt uns die Kraft, unbeirrt voranzuschreiten. Mit einer klaren Vision können wir unsere Ziele erreichen und unsere Träume wahr werden lassen. Sie ist der Schlüssel zu einem erfüllten und erfolgreichen Leben.

Learnings:

> Eine klare Vision ist der Leuchtturm, der uns in der Zukunft den Weg weist und uns motiviert, unsere Ziele zu erreichen.

> Visionen können uns über uns selbst hinauswachsen lassen und uns dazu inspirieren, das Unmögliche zu erreichen.

> Eine starke Vision gibt uns Orientierung und Fokus, sodass wir uns nicht von Hindernissen entmutigen lassen, sondern unseren Weg beharrlich erfolgen.

> Visionen fördern die Kreativität und den Innovationsgeist, dass sie uns dazu anregen, neue Wege zu gehen und bestehende Grenzen zu überwinden.

> Die Kraft einer Vision liegt nicht nur in ihrem Inhalt, sondern auch darin, dass sie unser Denken und Handeln langfristig prägt und uns zu einem erfüllten und sinnerfüllten Leben führen kann.

EPILOG

Unser Weg zur persönlichen Erfüllung mag ein nie endendes Abenteuer sein, aber es lohnt sich, ihn mutig anzugehen. Das Wissen, das wir dabei gewinnen, ist ein Leitfaden für ein erfülltes Leben. Hier sind fünf abschließende Learnings, die Sie begleiten sollen:

- ➢ **Balance ist der Schlüssel:** Indem wir unsere Zeit und Energie auf die Dinge konzentrieren, die uns wirklich wichtig sind, schaffen wir ein Gleichgewicht, das uns hilft, uns zu verbessern und zu stärken.

- ➢ **Dankbarkeit macht glücklich:** Wenn wir uns auf die guten Dinge im Leben konzentrieren und dafür dankbar sind, steigern wir unser Glückgefühl und finden inneren Frieden.

- ➢ **Visionen führen uns voran:** Klare Ziele und Visionen helfen uns, Hindernisse zu überwinden unsere Träume zu verwirklichen. Lassen Sie uns an unsere Visionen glauben und mit Leidenschaft daran arbeiten, sie zu verwirklichen.

- ➢ **Geben statt Nehmen:** Geben ist keine Frage des Überflusses, sondern eine Haltung des Herzens. Indem wir großzügig sind und anderen helfen, bereichern wir nicht nur ihr Leben, sondern auch unser eigenes.

> ➤ *Anpassungsfähigkeit ist Stärke:* Das Leben ist unvorhersehbar, aber wir können uns Veränderungen stellen und gestärkt daraus hervorgehen. Flexibilität und Anpassungsfähigkeit sind der Schlüssel zum Überleben und Wachstum. Der Weg zur persönlichen Erfüllung ist vielleicht nicht immer einfach, aber jeder Schritt ist es wert. Lasst uns den Mut haben, unsere Vision zu leben und unser Leben bewusst zu gestalten. Mit Dankbarkeit im Herzen und Großzügigkeit in unserem Handeln können wir unser Leben zu einem wahren Meisterwerk machen.

Lasst Sie uns das Leben in all seinen Aspekten annehmen und das Beste aus uns machen. Jeder von uns hat das Potenzial, seine Träume zu verwirklichen und ein erfülltes Leben zu führen. Der Weg zur persönlichen Erfüllung endet vielleicht nie, aber es lohnt sich, im Moment zu leben und das Beste aus sich herauszuholen.

Auf unserer Reise werden wir vor Herausforderungen stehen, aber wir sind stark genug, um sie zu meistern. Lasst uns das Leben in all seinen Höhen und Tiefen annehmen und unsere eigene Geschichte schreiben.

Der Weg zur persönlichen Erfüllung kann manchmal voller Fallstricke sein, aber jeder Schritt ist es wert. Mit Dankbarkeit im Herzen und Mut bei unseren Entscheidungen können wir unser Leben zu einem wahren Meisterwerk machen.

Die Kraft, uns voranzubringen, liegt in unserer Vision. Lassen Sie uns als Leuchtturm der Zukunft leuchten und mutig den Weg gehen, den wir selbst gewählt haben. Mögen unsere Herzen erfüllt und unsere Seelen gestärkt sein auf dieser Reise zur persönlichen Erfüllung.

9 798864 168530